EINER VERLIERT IMMER

Ansgar Mohnkern

Einer verliert immer

Betrachtungen zu Fußball und Ideologie

VERLAG TURIA + KANT
WIEN–BERLIN

Bibliografische Information der Deutschen Nationalbibliothek

Die Deutsche Bibliothek verzeichnet diese Publikation in der Deutschen Nationalbibliografie; detaillierte bibliografische Daten sind im Internet über http://dnb.ddb.de abrufbar.

Bibliographic Information published by Die Deutsche Nationalbibliothek

The Deutsche Bibliothek lists this publication in the Deutsche Nationalbibliografie; detailed bibliographic data are available on the Internet at http://dnb.ddb.de.

ISBN 978-3-98514-089-3

Cover: Bettina Kubanek, Visuelle Gestaltung, Berlin

VERLAG TURIA + KANT
A-1020 Wien, Leopoldsgasse 14
Büro Berlin: D-10827 Berlin, Crellestraße 14
info@turia.at | www.turia.at

Inhalt

Phantasieübungen. Drei würfeln um das Leben, einer verliert. Dann: alle verlieren.

Bertolt Brecht

Vorrede

Als sich entgegen den eingeübten Gewohnheiten in einem kalten und verregneten November 2022 in den Wohnzimmern vor allem Westeuropas nur schwerlich eine Vorfreude auf die Fußballweltmeisterschaft in Katar einstellen wollte, machte sich mit jedem Tag, an dem das Eröffnungsspiel näher rückte, ein eigentümliches Unbehagen stärker bemerkbar. So flammte die öffentliche Diskussion um einen Skandal noch einmal besonders vehement auf, der im Grunde schon in dem Moment offensichtlich war, als der damalige FIFA-Chef Joseph Blatter – bis heute nie verurteilt, aber wohl kaum der Korruption unverdächtig – am 2. Dezember 2010 den Namen eines kleinen Gas- und Öllandes in die Höhe hielt und damit deutlich machte, dass das Turnier dorthin geht, wo sich flüssiges Gold aus dem Boden bohren lässt. Schon zwölf Jahre vor der Weltmeisterschaft hatte die Entscheidung zu Irritation und Verwunderung geführt. Doch war in der Abstraktion einer fernen Zukunft der eigentliche Skandal noch nicht recht fühlbar. Dabei wurde erst in den folgenden Jahren bekannt, dass, auch wenn die genaue Anzahl umstritten sein mag, viele namen- und vor allem rechtlose Wanderarbeiter auf den Baustellen der entstehenden Spielstätten in der mörderischen Wüstenhitze Katars ihr Leben lassen mussten. »Wohin gingen an dem Abend, wo die Chinesische Mauer fertig war / Die Maurer?«[1], lautet eine jener Brechtschen *Fragen eines lesenden Arbeiters*, die sich gerade so liest, als gedenke sie dieser Toten. Doch da die Verantwortlichen, die zum Thema alles gesagt zu haben glauben, nicht antworten, scheint es heute fast so, als würde die Frage, da sich die konjunkturelle Erregtheit um diesen Skandal herum wieder gelegt hat und der Fußballbetrieb längst wieder in alte Gewohnheiten zurückgefallen ist, niemanden mehr wirklich interessieren. So nehmen die Rituale des Fußballs wieder ihren Lauf, und der Blick richtet sich wieder auf die Sieger: Das Finale ist gespielt, Argentinien ist Weltmeister, und Lionel Messi endgültig das, wonach er immer strebte: Nachfolger Maradonas.

Von denen, die ihr Leben verloren, sprechen also allenfalls noch spitzfindige Journalisten. Dabei stehen die Stadien, in deren Beton sich das Leben der Arbeiter in tote Masse verwandelte, verlegen in den Wüstenlandschaften herum und harren nach nur wenigen Spielen ihres versprochenen ›Rückbaus‹. In der Zwischenzeit wirken diese Stadien wie nutzlose Denkmäler jener grandiosen Sinnlosigkeit, die zuletzt ja auch der fußballpolitischen Realität selbst eigen ist. So besteht wohl mindestens eine

---

[1] Bertolt Brecht: *Fragen eines lesenden Arbeiters*, in: ders.: *Werke. Große kommentierte Berliner und Frankfurter Ausgabe*, Bd. 12, hg. von Werner Hecht u.a., Berlin/Weimar: Aufbau und Frankfurt a.M.: Suhrkamp 1988-2000, S. 29.

metonymische Verbindung zwischen den toten Arbeitern, der Monumentalität ungenutzter Betonblöcke und den wunderlichen Gerichtsurteilen, nach denen im Juli 2022 sowohl Joseph Blatter als auch der ehemalige UEFA-Chef Michel Platini vor Schweizer Gerichten – *in dubio pro reo* – einen Freispruch haben davontragen können, weil ihnen, wie es in einer Urteilsverkündung hieß, »nicht mit einer an Sicherheit grenzenden Wahrscheinlichkeit nachgewiesen« werden konnte, dass sie sich der Urkundenfälschung und des Betrugs strafbar gemacht haben.

Zwar ist Joseph Blatter nicht mehr FIFA-Chef, doch steht mit Gianni Infantino noch immer ein Walliser an der Spitze des Fußballweltverbandes. So änderte sich wohl auch wenig an dem tendenziell kriminellen Charakter des Systems und seiner Akteure, und auch die Allianzen, die sich nicht zuletzt an die geopolitischen Verschiebungen des 21. Jahrhunderts angepasst haben, wurden gestärkt. Schließlich trat Infantino schon im Vorfeld der Weltmeisterschaft als entschiedener Advokat des Gastgebers auf und warf seinen Kritikern Heuchelei sowie eine Neigung vor, »einseitig Lektionen erteilen zu wollen«. Angesichts der Farce, die sich ein hektisch erregter Infantino bei einer legendären Pressekonferenz kurz vor der Eröffnung am 19. November 2022 leistete, wo er von »Rassismus« sprach und sich plötzlich gar »wie ein Katarer, wie ein Araber, wie ein Afrikaner, wie ein Homosexueller, wie ein Beeinträchtigter« fühlte, war die Entfremdung vom Betrieb aber vor allem in westeuropäischen Gesellschaften nicht mehr zu leugnen. Dies war auch darum der Fall, weil sich bis weit ins bürgerliche Lager hinein ein Konsens herausgebildet hatte, nach dem die Menschenrechtslage in Katar im Allgemeinen, insbesondere aber die Situation von Frauen und Mitgliedern der LGBTQ-Community so unerträglich schien, dass selbst das Grün des Rasens, das bei den Übertragungen rund um die Welt ging, trüber und farbloser wirkte als bei den großen Turnieren zuvor. Dieser konsensuale Reflex spiegelte zumal in Deutschland, dessen Team die Vorrunde nicht überstand und allenfalls durch die Geste einer vor den Mund gehaltenen Hand beim Mannschaftsfoto in Erinnerung geblieben ist, zumindest für einige Wochen ein grundlegendes Unbehagen an den Institutionen des Fußballs – ein Unbehagen, das selbst die vielen Wettskandale und Bestechungen, die Steuerhinterziehungen und die Geldwäschevorwürfe, welche die Geschichte des Fußballs ja zuhauf zu liefern weiß, nicht haben provozieren können.

*

Irgendetwas also war anders im November 2022. Gewiss, einiges daran hatte mit der Situation der Menschenrechte im gastgebenden Land zu tun. Doch nicht weniges an diesem Unbehagen hatte seinen Grund im Charakter des Fußballs selbst, der im Licht der bornierten Unverschämtheit, mit der ein Fußballfunktionär sein Projekt verteidigte, sich wie selten zuvor politisch entblößte. Fußball, so wurde deutlich, ist nämlich nicht bloß ein Spiel, sondern längst zu einer gesellschaftlichen Praxis geworden, die zumal in ihren institutionellen Formen jener Logik folgt, nach der es – ganz gleich welche Widerstände sich auch auftürmen – zunächst einmal *weitergehen* muss. Nicht zuletzt die lapidare Rede davon, dass ›nach dem Spiel‹ immer auch ›vor dem Spiel‹ sei, bezeugt, wie die Kultur des Fußballs an Gewohnheiten und Ritualen hängt, die vor allem auf eines abzielen: auf Wiederholbarkeit. Fußball, so scheint es, ist ewig, ist schon immer dagewesen und fällt – wenn auch mit immer anderen Gesichtern und Namen – stets auf einen festen Stamm von immergleichen Gesten und Bräuchen ritueller Befestigung zurück.

Mit solcher Ritualisierung ist zugleich auch die Vorstellung zur Konvention geworden, dass eine Welt ohne Fußball im Grunde nicht zu denken ist. Dabei erfüllt Fußball in hohem Maße die Kriterien eines Mythos, der gemäß der Formel Roland Barthes' bekanntlich darin sein Geschäft betreibt, dass in ihm »Geschichte in Natur [verwandelt]«[2] wird. Dabei wird Geschichtliches, also jenes, das eigentlich der Möglichkeit von Veränderung unterworfen wäre, derart umgestaltet, dass es plötzlich den Anschein nimmt, als sei es von jeher so gewesen und als müsse es auf ewig so sein. Die FIFA-Chefs wirken in die-

---

2 Roland Barthes: *Mythen des Alltags*, übers. von Helmut Scheffel, Frankfurt a.M.: Suhrkamp 1964, S. 113.

sem Sinne wie Agenten dieser Ewigkeit, die sie obendrein noch zum eigenen Vorteil wenden. Daraus speist sich zum einen Infantinos fester Glaube an die eigene Legitimität als ranghöchster Diener einer mythischen Praxis. Aber es erklärt zum anderen auch das eigentümliche Unbehagen, das die nahende Weltmeisterschaft 2022 umgab, da ja der Mythos, der Fußball als Ganzes immer auch ist, für einen Moment die Maske seiner Natürlichkeit abstreifte. Die Wutrede Infantinos in jener Pressekonferenz zeigte einfach zu viele Spuren des Absurden, um nicht zugleich als Ausdruck geschichtlicher Verirrung zu erscheinen. Zumal vor der Folie der Situation der Arbeiter im Speziellen wie auch der Menschenrechte im Allgemeinen wurden die Widersprüche des Systems Fußball so unmittelbar greifbar, dass von ihnen eine Art Schock vergessener Geschichtlichkeit ausging. Dieser beraubte die immergleichen Praktiken, die dieses System – bis zur Lächerlichkeit ritualisiert – im Normalzustand hervorbringt, mit einem Male ihrer Selbstverständlichkeit. Damit wurde erfahrbar, dass ein bloßes Weitermachen sich im Grunde der Komplizenschaft mit einem Apparat schuldig macht, der, so er denn – anders als bei den ›Stars‹ – Gesichter und Namen seiner Opfer verdeckt, selbst noch den Tod von Menschen in Kauf nimmt. Dass sich zur eklatanten Sinnlosigkeit des Versuchs, die Weltmeisterschaft in Katar zu legitimieren, im Übrigen noch die kalte Trostlosigkeit eines westeuropäischen Novembers gesellte, machte den Schock der Geschichtlichkeit, wie er die Wohnzimmer mit voller Kraft erfasste, nur umso erfahrbarer. Hier ließ sich nicht einmal mehr von den Ritualen einer für gewöhnlich grill- und bierseligen Weltmeisterschaftskultur verdecken, dass selbst noch der Saisonalität des Betriebs – im Sommer Weltmeisterschaft, im Rest des Jahres Ligabetrieb – gar nicht jene Natürlichkeit eignet, die ein Mythos doch für gewöhnlich verspricht. Hier gab es keine Ewigkeit, hier gab es bloß Geschichte.

*

Das Verhältnis von Mythos und Geschichte ist gewiss keines, das bloß unsere Gegenwart angeht. Nur trägt, was Roland Barthes als »Mythos« bezeichnet, anderswo oft einen anderen Namen: Ideologie. Schon Georg Lukács formte in seiner *Theorie des Romans* über jene Komplexe, die ihren geschichtlichen Charakter (und also ihre Veränderbarkeit) zu überdecken neigen, die Rede von der »zweiten Natur«. Damit war »eine Welt der Konvention« bezeichnet, welche »wie die erste nur als der Inbegriff von erkannten, sinnfremden Notwendigkeiten bestimmbar und deshalb in ihrer wirklichen Substanz unerfaßbar und unerkennbar«[3] sei und also – ganz wie

---

3 Georg Lukács: *Die Theorie des Romans. Ein geschichtsphilosophischer Versuch über die Formen der großen Epik*, in: *Werkauswahl in Einzelbänden*, Bd. 2, hg. von Frank Benseler und Rüdiger Dannemann, Bielefeld: Aisthesis 2009, S. 48.

der Fußball in gewöhnlichen Zeiten – den Schein natürlicher Ewigkeit produziert.[4] Gerade aus diesem Schein des Ewigen fiel der Fußball im November 2022 heraus – und zwar selbst im Bewusstsein derer, die noch lange Zeit glauben wollten, dass seine Institutionen mit den Routinen demokratischer Gesellschaften irgendwie vereinbar seien und dass also stets genau das möglich sei, was Ideologie anstrebt: nämlich weitermachen (die Weltmeisterschaft in Russland 2018 war zwar schon zweifelhaft, aber in der Wahrnehmung vieler doch immerhin noch ›altes, europäisches Terrain‹). Das heißt jedoch womöglich auch, dass im Vorfeld der Weltmeisterschaft 2022 plötzlich eine Erfahrung sich herandrängte, nach der es gerade *nicht* mehr einfach nur weiterging, wie man – noch verstrickt in die Illusionen eines längst vergangenen 20. Jahrhunderts – lange Zeit glauben wollte. Und folgt man dieser Erkenntnis weiter, so wird darin greifbar, was zuvor noch zu übersehen war: dass der Fußball, der ein Jahrhundert lang bei allen Reformen immer den Schein eines alles in allem unveränderlichen Kerns wahren konnte, gerade dies nicht bloß *bedeutet*, sondern vielmehr gerade *ist*: Mythos, zweite Natur, Ideologie.

Diese Erkenntnis hat nicht nur Konsequenzen für das historische Verständnis des Fußballs, sondern betrifft

---

4 Vgl. Louis Althusser: *Ideologie und ideologische Staatsapparate*, 1. Halbbd., übers. von Peter Schöttler, überarb. und hg. von Frieder Otto Wolf, Hamburg: VSA 2010, S. 74.

auch die Vorstellung dessen, was den Charakter von Ideologie ausmacht. So lebt seit den frühesten Anfängen in den Bemühungen, das Problem der Ideologie auf den Begriff zu bringen, die Idee fort, dass ideologische Angelegenheiten vor allem die Ebene des Bewusstseins betreffen. Einschlägig ist Engels' Rede von »einem falschen Bewußtsein«[5], die ein spätes Echo bildet zu jenen »falschen Vorstellungen«[6], die Marx und Engels schon in *Die deutsche Ideologie* zu entkleiden versuchten. Hieran anschließend hat sich bis in unsere Gegenwart, da eine letzte gründliche Apologie des Ideologiebegriffs mittlerweile schon drei Jahrzehnte zurückliegt[7], die Idee festgesetzt, dass Ideologie nur als ein mentales Thema zu fassen ist, weil sie zuletzt jenen »Ausgeburten des Kopfes«[8] angehört, die den ›richtigen‹ Zugang zur Welt versperren. Sie wurde also stets als eine Angelegenheit von (verzerrten) Ideen, Vorstellungen, Bildern und Imaginationen verhandelt, die eine ›richtige‹ Wahrnehmung von Wirklichkeit unmöglich machen und darin, wie selbst noch Habermas bemerkte, eine angemessene »Themati-

---

5 Friedrich Engels an Franz Mehring, 14. Juli 1893, in: *Marx-Engels-Werke*, Bd. 39, Berlin: Dietz 1955-1966, S. 97.

6 Karl Marx und Friedrich Engels: *Die deutsche Ideologie*, in: *Marx-Engels-Werke*, Bd. 3, a.a.O., S. 13.

7 Vgl. Terry Eagleton: *Ideologie. Eine Einführung*, übers. von Anja Tippner, Stuttgart/Weimar: Metzler 1993.

8 Karl Marx und Friedrich Engels: *Die deutsche Ideologie*, a.a.O., S. 13.

sierung gesellschaftlicher Fundamente zu verhindern«[9] streben. Schon Lukács bestimmt in diesem Sinne »das ideologische Phänomen der Verdinglichung«[10] als eines, das auf eine »einheitliche Bewußtseinsstruktur«[11] abzielt; Horkheimer und Adorno wiederum sprechen im Sinne des mentalen Effekts der Kulturindustrie von einem »gesellschaftliche[n] Verblendungszusammenhang«[12]; auch Althusser, obwohl er wie kein zweiter den Blick für die institutionelle Praxis von Ideologie schärfte, nennt sie *»eine ›Repräsentation‹ des imaginären Verhältnisses der Individuen zu ihren realen Existenzbedingungen«*[13]; und Slavoj Žižek schließlich bezeichnet sie als »ein phantastisches Konstrukt, das unsere ›Wirklichkeit‹ stützt: eine ›Illusion‹, die unsere tatsächlichen wirklichen gesellschaftlichen Verhältnisse strukturiert und dadurch einen unerträglichen, realen, unmöglichen Kern maskiert […].«[14]

---

9 Jürgen Habermas: *Technik und Wissenschaft als ›Ideologie‹*, Frankfurt a.M.: Suhrkamp 1969, S. 89.

10 Georg Lukács: *Die Verdinglichung und das Bewußtsein des Proletariats*, in: *Werkauswahl in Einzelbänden*, Bd. 3, hg. von Rüdiger Dannemann, Bielefeld: Aisthesis 2015, S. 27.

11 Ebd., S. 34.

12 Max Horkheimer und Theodor W. Adorno: *Dialektik der Aufklärung. Philosophische Fragmente*, Frankfurt a.M.: Fischer 1988, S. 48.

13 Louis Althusser: *Ideologie und ideologische Staatsapparate*, a.a.O., S. 75.

14 Slavoj Žižek: *Das erhabene Objekt der Ideologie*, übers. von Aaron Zielinski, Wien: Passagen 2021, S. 80.

Auf die Frage also, was Ideologie sei, lautet die Antwort für gewöhnlich: *It's just a mental thing!*[15] Ideologie, in diesem Sinne vor allem als Angelegenheit des Bewusstseins verstanden, wird darum von einer Praxis geschieden, die zwar mitunter Effekte ideologischer Vorstellungen hervorbringt, aber in diesem Schema nie selbst als Ideologie begriffen werden kann.[16] Dabei gilt es, dieser Tendenz, die immerzu auf eine Theoretisierung des Problems abzielt, gerade im Licht des trüben Novembers 2022

---

[15] Dies gilt selbst noch für die Arbeiten Stuart Halls. Zwar bemerkte dieser einmal über Althusser, dass er sich »gegen einen Klassenreduktionismus« wende und damit »gegen die Auffassung, dass die ideologische Position einer Klasse automatisch ihre Position in der Produktion entspricht«, doch greift auch er wie seine Vorgänger in die theoretische Werkzeugkiste der Ideologiekritik, indem er Ideologie immer wieder mit den (mentalen) Elementen von »Bedeutung« und »Repräsentation« in Verbindung bringt. Vgl. Stuart Hall: Bedeutung, Repräsentation, Ideologie – Althusser und die poststrukturalistischen Debatten, in: *Ausgewählte Schriften*, Bd. 4, hg. von Juha Koivisto und Andreas Merkens, Hamburg: Argument 2004, S. 34-65, hier S. 42.

[16] Ein neuerer Beitrag über Ideologiekritik bemerkt zwar die praktische Dimension, hält aber doch an der Unterscheidung von Ideologie und Praxis fest, insofern zwar eine Wechselwirkung zwischen beiden erkannt, aber ihre Scheidung aufrechterhalten wird: »Ideologien sind Überzeugungssysteme, die praktische Konsequenzen haben. Sie wirken praktisch und sind ihrerseits Effekte einer bestimmten gesellschaftlichen Praxis.« (Rahel Jaeggi: Was ist Ideologiekritik? In: *Was ist Kritik?*, hg. von Rahel Jaeggi und Tilo Wesche, Frankfurt a.M.: Suhrkamp 2009, S. 268)

unbedingt entgegenzutreten. Denn wenn es in der Tat so ist, dass sich Fußball nicht nur als sekundärer ideologischer Effekt von ›falschen‹ Ideen und Vorstellungen auffassen lässt, sondern selbst Ideologie *ist*, dann scheint es plausibel, dass das Problem der Ideologie wohl am besten aus der Perspektive der Praxis angegangen wird. Dies erklärt auch, warum der Fußball als hegemoniale Sportart unseres Zeitalters für eine Kritik von Ideologie von besonderem Interesse ist. Schließlich bringt jedes einzelne Spiel eine Vielzahl lebendiger, körperlicher und vor allem menschlicher Ereignisse hervor, die – mögen sie auch dazu neigen, die Spuren ihrer Geschichtlichkeit in den Spektakeln magischer Theatralität zu verwischen – doch nur als Ereignisse einer Praxis funktionieren, die eben dies doch ist: geschichtlich. Zielt sein Betrieb also auch noch so sehr auf die Ewigkeit einer »zweiten Natur« ab, so ist Fußball nur darum zu verfolgen, weil er als ein Ganzes stets aus Handlungen und Geschehnissen, also aus ganz konkreten Toren, Fouls, Abseitsstellungen, Fehlpässen, Paraden, Nachspielzeiten oder eben – so wird sich in diesem Buch noch zeigen – aus Elfmetern und Elfmeterschießen zusammengesetzt ist. Diese lassen sich, geschichtlich wie alle Handlungen, niemals vollständig in jenen ›falschen‹ Vorstellungen, Ideen oder Repräsentationen auflösen, die klassische Varianten von Ideologiekritik zumeist vor Augen hatten. Wer Fußball studiert, studiert nämlich erst einmal eine Praxis; und wer diese Praxis nachvollzieht, zeichnet zugleich die Konturen von

Ideologie in der Weise nach, dass sie die Praxis nicht bloß beeinflusst oder ›produziert‹, sondern dass sie diese Praxis am Ende selbst *ist*.[17]

*

Die Versäumnisse vergangener Ideologiekritik, die bloß auf Vorstellungen und nicht auf Praktiken abzielte, will dieses Buch also nicht wiederholen, wenn es einige Aspekte des Fußballs als Praxis nachverfolgt. Das führt im Übrigen auch dazu, dass der Begriff der Ideologie, obwohl er von zentraler Bedeutung ist, auf den folgenden

---

[17] Ideologiekritik, die in der Tradition eines »westlichen Marxismus« vornehmlich bei der theoretischen Frage nach dem Bewusstsein und den Weisen seiner Verzerrung ansetzt, verfehlt demnach ihr Ziel, weil sie gefangen bleibt auf der Ebene bloßen Wissens oder Erkennens, also paradoxerweise die theoretische Vorstellung verfolgt, dass es gerade solche Vorstellungen wiederum bloß theoretisch zu kritisieren gelte. Das Haften an der Theorie, das gewiss auch viel mit der eigenen vornehmlich philosophischen Praxis eines institutionellen Rahmens zu hat, bei dem es auf Abgeschiedenheit des Denkens und nicht auf ein Tun ankommt, hatte schon Perry Anderson vor einem halben Jahrhundert als symptomatische Schwachstelle einer Tradition von Lukács bis Althusser identifiziert: »Western Marxism as a whole thus paradoxically inverted the trajectory of Marx's own development itself. Where the founder of historical materialism moved progressively from philosophy to politics and then economics, as the central terrain of his thought, the successors of the tradition that emerged after 1920 increasingly turned back from economics and politics to philosophy – abandoning

Seiten verhältnismäßig selten tatsächlich Erwähnung findet. Stattdessen schreitet das Buch konkrete Stätten und Schauplätze ab, wo gerade jene Aspekte symptomatisch wirken, an denen die Grundannahmen des Fußballs als ideologische Praxis lesbar werden: seine Geschichtlichkeit, seine Theatralität und nicht zuletzt die stille Suggestion von Schemen falscher Natürlichkeit und Ewigkeit.

Dabei sind die aufgesuchten Schauplätze allesamt solcher Art, dass sie im Zeichen ungelöster Widersprüche stehen. Diese gilt es weder zu beklagen noch zu bewundern, sondern zunächst einmal verstehend nachzuvollziehen. Nicht zuletzt darum wollen die folgenden Skizzen eine Serie von Reflexionen liefern, deren Absicht es ist, der Welt des Fußballs nicht hingebungsvoll, sondern erkennend zu begegnen, und zwar ohne der naheliegenden Versuchung zu verfallen, sich im romantischen Reflex von Verklärung zu verlieren. Dazu gehört insbe-

---

direct engagement with what had been the great concerns of the mature Marx, nearly as completely as he had abandoned direct pursuit of the discursive issues of his youth.« (Perry Anderson: *Considerations on Western Marxism*, London: Verso 1979, S. 52) Mit Blick auf die Arbeiten von Lukács bis Althusser heißt es zudem: »The second-order nature of the discourse developed by these works – on Marxism, rather than in Marxism – had a further corollary. The language in which they were written came to acquire an increasingly specialized and inaccessible cast. Theory became, for a whole historical period, an esoteric discipline whose highly technical idiom measured its distance from politics.« (S. 53)

sondere, an jene Selbstverständlichkeit des Fußballs als rituelle und reglementierte Praxis zu erinnern, die doch im Grunde so selbstverständlich gar nicht ist: nämlich dass es am Ende immer eine *Ent*scheidung (und damit *Unter*scheidung) geben muss. Schließlich trennt der Fußball, in dem ein Unentschieden im höheren Sinne ja bloß provisorischen Charakter hat, stets zwischen Siegern und Verlieren. Er ›naturalisiert‹ somit nicht allein den Glanz der einen, sondern auch das Elend der anderen. Als ideologische Praxis, die der Fußball *ist*, liefert er dabei fortwährend Szenen der Einübung sowohl in einen spielerischen Zusammenhang als auch (und vor allem) in eine gesellschaftliche Wirklichkeit, die der Fußball nicht bloß von Ferne bespiegelt, sondern deren fester Bestandteil er ist. Das heißt: Er produziert und *re*produziert Sieger und Verlierer nicht nur im Spiel, sondern auch in jenem Leben, das er als Spiel doch behutsam zu meiden vorgibt.

Indem dieses Buch behauptet, dass Fußball eine ideologische Praxis ist, erläutert es noch lange nicht, was Fußball ›eigentlich‹ ist. Es liefert also kein vollständiges Bild des Fußballs und seiner Institutionen. Es spricht nicht über Taktik, nicht über die Finanzströme und Wettskandale, nicht über institutionelle Verstrickungen zwischen Fußball und Politik, nicht über Jugendfußball und Disziplinierung, nicht über menschenhandelsähnliche Praktiken beim Aufspüren von Talenten im globalen Süden und auch nicht über viele andere Verstrickungen, die das System ›Fußball‹ reihenweise produziert.

Stattdessen verfolgt dieses Buch in dem Versuch, Fußball als ideologische Praxis zu ›verstehen‹, zwei sehr viel grundsätzlichere Ziele. Erstens will es in einer Serie von Skizzen nachvollziehen, dass der Fußball keine natürliche Erscheinung ist, sondern Geschichte hat, die zumeist mit jenen Widersprüchen einer historischen Wirklichkeit in einem Verhältnis steht, von denen er als eine hegemoniale Kulturpraxis unseres Zeitalters nicht losgelöst werden kann. Es will also den Schock des Geschichtlichen, wie er im November 2022 in der Gestalt Infantinos in den Wohnzimmern auf absurde Weise zu vernehmen war, gewissermaßen einfangen, will ihn aufbewahren und entschieden gegen die Tendenz verteidigen, in den alten Gewohnheiten einer Praxis zu verharren, die ihr Programm darin hat, dass alles bloß weitergeht. Zweitens aber will dieses Buch ganz entschieden auch der Verlierer gedenken und ihnen, die oft im Verborgenen bleiben, Sichtbarkeit verleihen. Denn es scheint, als bestehe eine – wenn auch entfernte – Verbindung zwischen den sterbenden Wanderarbeitern in Katars Wüste und der (immer auch institutionellen) Logik des Spiels selbst.

Dieses Buch arbeitet also der Einsicht entgegen, dass Gewinnen und Verlieren keine Selbstverständlichkeiten sind, dass überhaupt die Notwendigkeit von *Ent*scheidung und *Unter*scheidung womöglich nur ein Effekt jener Suggestion ist, die vergessen macht, dass der Zwang, Sieger und Verlierer zu produzieren, bloß eine geschichtliche (und also veränderbare) Konvention darstellt. Das Buch zielt dabei nicht auf eine Welt ohne Fußball ab, aber es will zumindest daran erinnern, dass eine solche Welt – gegen jede Empirie heute – überhaupt *vorstellbar* wäre. In diesem Sinne zeichnen die folgenden Betrachtungen den ideologischen Charakter des Fußballs auf symptomatischer Ebene nach. Diesem spüren sie skizzenhaft nach, umkreisen ihn begrifflich, machen ihn lesbar und – am Ende auch dies – bringen ihn auf eine Formel: *Einer verliert immer.*

1
Der Münzwurf von Rotterdam

Dass Fußball geschichtlich ist, zeigt eine Anekdote. Am 25. März 1965 treffen im Viertelfinale des Europapokals der Landesmeister der 1. FC Köln und der FC Liverpool aufeinander. Hin- und Rückspiel hatten zuvor jeweils mit einem 0:0 geendet, sodass nach Regelwerk ein Entscheidungsspiel auf neutralem Boden auszutragen war. Die Hoffnung, dass endlich Sieger und Verlierer gefunden werden könnten, bleibt jedoch unerfüllt: Das Spiel endet 2:2.

Das erneute Unentschieden bedeutet zum damaligen Zeitpunkt ein Dilemma. Schließlich war das Reglement noch in der Zuversicht formuliert, dass drei Spiele genügend Zeit bieten, um eine Entscheidung in spielerischer Form, also im Rahmen eines ›echten‹ Fußballspiels, zu ermitteln. Angesichts des dritten Unentschiedens kommt somit eine Regel zur Anwendung, die bei allen Beteiligten schon vor dem Spiel Gefühle des Unbehagens hervorgerufen hatte. Die Statuten des Europäischen Fußballverbands (UEFA) nämlich erfordern, dass ein Münzwurf das Ergebnis entscheidet. Ins Rampenlicht tritt also mit dem belgischen Schiedsrichter Robert Schaut, der im Spiel mit einigen fragwürdigen Entscheidungen zu Ungunsten des deutschen Meisters aufgefallen war, eine Art Allegorie des Zufalls. Er nimmt eine münzförmige Holzscheibe, wirft sie, nachdem er zuvor willkürlich beiden Mannschaften eine Farbe zugewiesen hatte, und versucht das Spiel zu entscheiden. Die ›Münze‹ bleibt beim ersten Versuch senkrecht im Rasen stecken und so zeigt erst der zweite Versuch endlich ein Ergebnis: Der FC Liverpool zieht ins Halbfinale ein.

Die Szene ist nicht zuletzt wegen ihrer skurrilen Einmaligkeit zum festen Bestandteil im Repertoire solcher Fußballanekdoten geworden, die sich Fußballnostalgiker heute bei Grillfesten erzählen. Dabei überschattet jedoch das Lächeln eine stille Erkenntnis über das Wesen des Spiels, die in der Szene schlummert. Fußball nämlich, so zeigt sich an diesem Abend in Rotterdam, ist ein Wettbewerb, ein Spiel zweier Mannschaften im Ringen vor allem um eines: um Entscheidung. Gerade die Pokalwettbewerbe stellen dies in Reinform aus. Schließlich sind sie Ausscheidungswettbewerbe und fordern darum in jedem Spiel ein Entweder-Oder, d.h. eine Scheidung zwischen Siegern und Verlierern, eine Unterscheidung, die unbedingt und ohne Ausnahme zu treffen ist. Fußball, so scheint es, verträgt kein Unentschieden.

In solchem Zwang zur Entscheidung spiegelt sich zugleich ein immanent politischer Charakter des Spiels. Zwar kühlt der Fußball Szenen kriegerischer Konkurrenz einerseits auf die Kulturleistung eines Spiels herab, hält aber andererseits doch entschieden an der Praxis konkreter Konfrontation fest, die er zwar säkularisiert, aber darum seiner Struktur nach keineswegs aufhebt. Schließlich geht es im Grunde um ein spielerisch reguliertes Gefecht, dessen Ziel es ist, Raum zu gewinnen und, wie im Krieg, die Stellung des Gegners zu stürmen. Dabei geht es im Fußball selbstverständlich nicht mehr um Auslöschung oder Vernichtung eines Feindes im physischen Sinne, aber – zumal in einem Pokalspiel wie jenem von Rotterdam – doch immerhin um das Ausschalten des Gegners aus einem sportlichen Wettbewerb. Wenn auch in entstellter Form, so leben darin also zumindest die Überreste jenes Freund-Feind-Schemas fort, wie es einst der in seinen intellektuellen Fundamenten heikle, aber darum nicht weniger einflussreiche Staatstheoretiker Carl Schmitt als den Kern alles Politischen bezeichnet hatte. Dabei weist Fußball zum einen, so wie die meisten Sportarten, selbst eine »Möglichkeit dieser Unterscheidung von Freund und Feind« lebendig aus und zeigt damit in seiner symptomatischen Verdichtung zu einer kulturellen Praxis an, dass – wie sie nach Schmitt für jede Szene des Politischen grundlegend ist – »diese Unterscheidung in der Menschheit real vorhanden oder wenigstens real möglich ist«[18]. Zum anderen liefert die Szene des Münzwurfs, mit dem im Rotterdamer Entscheidungsspiel Gewinner und Verlierer ›ohne Leistung‹ ermittelt werden, auch die eigentümliche Ritualisierung jenes kollektiven Akts, in dem

---

[18] Carl Schmitt: *Der Begriff des Politischen. Text von 1932 mit einem Vorwort und drei Corollarien*, Berlin: Duncker & Humblot 2009, S. 34.

sich – stellvertretend für das Ganze der Gesellschaften, in denen sie immer nur einen Teil bilden – ausgewählte Gruppen regelrecht einer Ordnung unterwerfen, welche die Notwendigkeit souveräner Entscheidung sportlich zelebriert. Nun lässt sich gewiss darüber streiten, ob es sich dabei auch zugleich um eine Variante des berüchtigten Schmittschen »Ausnahmezustandes« handelt, über den ein Souverän – gleich ob Münze oder Schiedsrichter – entscheidet. In jedem Fall aber bleibt in der Ritualisierung einer Entscheidungsfindung doch immerhin ein Echo dessen vorhanden, was Schmitt in seinen politisch zweifelsohne heiklen Meditationen als den »systemischen, rechtslogischen Grund« dessen bezeichnete, was er in seinem Modell einer *Politischen Theologie* mit dem Begriff der »Souveränität« bezeichnet.[19]

Gleichsam in Stellvertretung des eigentlichen politischen Rahmens restituiert und konserviert damit das sportliche Ereignis die kollektive Anerkennung eines Rechtsprinzips, das in liberalen Gesellschaften, wie man sie in der Nachkriegsordnung der 1960er Jahre langsam auch institutionell zu etablieren begann, eigentlich keinen Platz mehr haben sollte. Fußball, bis heute kulturelles Herzstück von Populärkultur moderner Gesellschaften, hält damit als Praxis von Ungleichzeitigkeit am alten, im

---

[19] Carl Schmitt: *Poltische Theologie. Vier Kapitel zur Lehre von Souveränität*, Berlin: Duncker & Humblot 2009, S. 13.

Grunde antiliberalen Rechtsprinzip der Dezision fest, wie es – vor allem in seiner faschistischen Ausprägung – der autoritären Organisation von Herrschaft zu Grunde liegt. Als politische Szene, wie sie der Münzwurf unter dem Vorzeichen sportlicher Symbolik stets *auch* ist, statuiert der Abend von Rotterdam damit auf eigentümlich unbehagliche Weise jene »selbstständige Bedeutung der Dezision«[20], über die Schmitt lustvoll meditierte, als er 1923 darüber nachsann, wie er die Legitimierung demokratischer Prozesse und Institutionen, seien sie auch stets unvollkommen, am nachhaltigsten theoretisch beschädigen könne. Denn alles drängt auf die Entscheidung, sei sie auch – wie im Fall des Münzwurfs – vom Spiel selbst losgelöst.

Jedoch zeigt sich am zufälligen Charakter des Münzwurfs nicht nur, *dass* es zu einer Entscheidung kommen muss. Ins Werk gesetzt ist vielmehr auch eine spielerische Art von Defätismus, in den sich alle Beteiligten, wenn auch wider Willen, zu ergeben haben. Daran zeigt sich der Form nach ein eigentümlich mythisches Element. Schließlich wird eine Figur aufgeweckt, die bis in die Anfänge einer sich nur langsam säkularisierenden Rechtstradition des Abendlandes zurückreicht. So gehört die Frage nach der Entscheidung über Recht und Unrecht, über Schuld und Unschuld oder – juridisch betrachtet – darüber, welcher Standpunkt vor Gericht seine Sache

---

[20] Ebd.

siegreich für sich entscheidet, bekanntlich auch zum Kernproblem von einem jener Mythen, der zum symptomatischen Grundbestand einer europäischen Rechtskultur gezählt werden muss: dem Schicksal der Tantaliden. Hier – wie beim Münzwurf von Rotterdam – dreht sich nämlich alles um die Frage, wie einer mythischen Gewalt zu begegnen ist, die der Einzelne zwar nicht wählte, aber die ihn doch betrifft. Austariert wird darin die Frage nach der Möglichkeit eines Entkommens aus dem, wie Horkheimer und Adorno es in ihrer *Dialektik der Aufklärung* formulierten, mythischen »Schuldzusammenhang als Gesetz«[21]. So liegt im Mythos die Schuld als ererbte und vor allem stets wiederkehrende vor. Schließlich büßen noch die nachfolgenden Generationen – allen voran die letzte unter ihnen in der Gestalt des Orest – für jene Art von ›Urschuld‹, mit der ihr trauriger Ahnvater Tantalos sich und die Seinigen vor den Göttern belud, als er ihnen im Übermut Speise und Trank raubte.

Dabei hat dieser Mythos wie kaum ein anderer die Phantasie des Theaters geweckt. So haben sich nicht nur Aischylos, sondern auch Euripides, Racine und Goethe an der Ausdeutung seiner Kernfrage abgearbeitet und dabei zugleich über die Möglichkeit nachgedacht, wie dieser Form von objektiver Schuld zu entkommen sei. Die

---

[21] Max Horkheimer und Theodor W. Adorno: *Dialektik der Aufklärung. Philosophische Fragmente*, a.a.O., S. 66.

prinzipielle Version, die darin auch dem Drama von Rotterdam am nächsten steht, ist die früheste, nämlich die, die Aischylos' in seiner Trilogie – der *Oresteia* – präsentiert. Hier werden die Fragen des Schuldzusammenhangs wie auch der Erlösung von diesem mit der Analyse jener grundsätzlichen Kulturleistung verknüpft, die für eine Loslösung aus der Schuld des Mythischen unbedingt notwendig scheint: die Institution des Gerichts. Dabei taucht bekanntlich Athene als göttliche Schiedsrichterin und Schlichterin auf. Doch anstatt den Letzten in der Reihe der Verfluchten – den armen, vom Wahnsinn gepackten Muttermörder Orest – durch mythischen Zauber vom Fluch der Eumeniden im Handschlag zu befreien, setzt die Göttin, darin dem Schein nach Agentin von Säkularisierung, ein menschliches Gericht ein. Dieses, bestehend aus zwölf Geschworenen, hat, so die Vorgabe, allein nach menschlichen Maßstäben über die Frage nach Schuld und Unschuld zu entscheiden. Wie in den (viel zu) vielen Pokalwettbewerben also, die heute die Welt des Fußballs überschwemmen, haben zwei Mannschaften, ›Team Eumeniden‹ hier und ›Team Orest‹ dort, die Frage nach Schuld und Unschuld miteinander auszufechten, wenn Athene – »[e]in neu Gesetz schafft Umsturz«[22] – die Kraft

[22] Aischylos: *Die Orestie*, übers. von Emil Staiger, Stuttgart: Reclam 1987, S. 126.

des Mythischen in eine menschliche Gewalt verwandelt, ein Gericht der Athener einberuft und ihnen mitteilt:

> Doch da die Frage jetzt zu mir sich hergedrängt,
> Erwähle ich geschworene Richter für den Mord
> Und setze ihre Ordnung ein für alle Zeit.
> So ruft denn gültiges Zeugnis auf und ruft Beweis
> Und Eide, euer Recht zu kräftigen, herbei,
> Bis ich die edelsten der Bürger ausgewählt,
> Daß diesen Fall sie schlichten, wie es sich gebührt,
> Gerechten Sinns, dem Eide, den sie schwuren, treu.[23]

Die Anzahl von zwölf Geschworenen gilt bekanntlich noch heute bei US-amerikanischen Gerichten und verbirgt dort seinen mythischen Ursprung nicht. Doch produziert schon der erste Fall in einem System, das auf Entscheidung drängt, eine Szene grundsätzlichen Dilemmas. Schließlich bringt die gewählte Anzahl jener »edelsten der Bürger« auch die mathematische Möglichkeit hervor, dass es zu einem Resultat im Prozess der Urteilsfindung kommt, welches noch etwa zweieinhalb Jahrtausende später die auf Entscheidung und Ausschluss drängende Welt des Fußballs beunruhigen wird: nämlich die Möglichkeit des Unentschiedens. Beunruhigend ist diese Möglichkeit vor allem, weil sich in ihr ein Bruch mit dem Prinzip der Dezision andeutet. Indem sie nach Schmittschen

---

[23] Ebd., S. 125 f.

Maßstäben den Rechtsgrund der Entscheidung suspendiert, bedeutet diese Möglichkeit zugleich eine Krise des Politischen. Darum muss sie nach Aischylos, der sich wie auch nach ihm Sophokles und Euripides als stiller Advokat des Mythischen in einer sich säkularisierenden Welt der *polis* versteht, auch verhindert werden. Statt also den Athenern ein deliberatives Verfahren als Alternative an die Hand zu geben, befeuert Aischylos' *Oresteia* das Misstrauen an einem menschlichen Gericht, das einer Entscheidung nicht fähig ist, weil es die Möglichkeit des Unentschiedens nicht zu bannen versteht. Schließlich stellt das Drama den Rat der Geschworenen bloß, dem es unmöglich ist, zu einer Entscheidung zu gelangen. Darin liegt die Botschaft in einem Stück, das, darin auch die Debatten im perikleischen Zeitalter kommentierend, die Möglichkeit von Säkularisierung und ›Verbürgerlichung‹ rechtlicher Institutionen zu seinem Gegenstand macht. Wie in einem Triumph alter, mythischer Ordnung ist das Unentschieden – »[d]ie Zahl der Stimmen für und wider ihn ist gleich«[24] – nur aufzulösen durch Athene und mit ihr eben durch jene göttliche Gewalt selbst, auf deren paradoxem Grund sich solche Säkularisierung eigentlich zutragen sollte. Das Drama liefert also den Freispruch – »für Orestes geb ich meine Stimme ab«[25] – zuletzt bloß

---

[24] Ebd., S. 136.
[25] Ebd., S. 135.

als widersprüchliche Verlängerung der Herrschaft des Mythischen sowie auch der Herrschaft der Schuld, die es zu tilgen nicht in der Lage sich wähnt. Darin ist Aischylos nicht nur der Vorfahre Schmitts, sondern zuletzt auch der Idee des Fußballs: Er zelebriert den Triumph der einmaligen Entscheidung über das fürchterliche Gespenst des Unentschiedens.

Die *Oresteia* formuliert in diesem Sinne mindestens zwei politische Botschaften: Erstens entwirft das Drama so etwas wie den Nachweis für die nachhaltig fortlebende Legende, die besagt, dass die Möglichkeit der Befreiung aus dem mythischen Zusammenhang bloß durch die Gewalt des Mythischen selbst zu gewährleisten sei. Darin liefert es einen Einspruch gegen die sich schon im fünften vorchristlichen Jahrhundert abzeichnende Säkularisierung politischer Institutionen. Dieser Einspruch nährt sich, übersetzt in moderne Sprache, an dem Unbehagen, das sich an dem berühmten staatsrechtlichen Diktum des Schmitt-»Meisterschüler[s]«[26] Ernst-Wolfgang Böckenförde zeigt, nach dem *»[d]er freiheitliche, säkularisierte Staat [...] von Voraussetzungen [lebt], die er selbst nicht garantieren kann«*[27]. Zweitens aber schlägt den versammelten Athenern, die das Drama als Gemeinschaft ver-

---

[26] Reinhart Mehring: *Carl Schmitt. Aufstieg und Fall*, 2. überarb. Auflage, München: C.H. Beck 2022, S. 537.

[27] Ernst-Wolfgang Böckenförde: Die Entstehung des Staates als Vorgang der Säkularisation, in: ders.: *Staat, Gesellschaft,*

folgen, auch die ideologische ›Gewissheit‹ entgegen, dass sie selbst als politische Wesen, als welche sie nur wenig mehr als ein Jahrhundert später Aristoteles bestimmen wird, doch eigentlich über die Fähigkeit nicht verfügen, sich selbst eine Rechtsordnung zu geben und – das noch viel weniger – ein weises Urteil zu erlassen. Es erinnert sie an ihre eigene Fehlbarkeit, ja bannt sie womöglich gar im Stand der Unmündigkeit, denn: Am Ende steht immer eine Entscheidung, die zu finden ihre Sache nicht ist.

Beide Botschaften, die ihren mythischen Charakter zumal darin haben, dass sie vorgeben, auf einer natürlich-anthropologischen Gesetzmäßigkeit zu gründen, zirkulieren jedoch nicht bloß im antiken griechischen Theater. Vielmehr suchen sie sich noch heute stets neue Schauplätze der Verwirklichung. Und indem sie etwa im 20. Jahrhundert vom Theater ins Fußballstadion getragen werden, liefern sie die Folie für eben auch jene Botschaft, die am Abend des 25. März 1965 in Rotterdam von einem Münzwurf ausgeht. Die Ermittlung des Siegers in einem Fußballspiel vollzieht dabei immer auch ein mit (sportlichen) Argumenten ausgefochtenes Gerichtsverfahren symbolisch nach, das unter allen Umständen eine Entscheidung im höheren Sinne hervorzubringen in der Lage sein muss. Dabei spricht aus den Regularien,

---

Freiheit. Studien zur Staatstheorie und zum Verfassungsrecht, Frankfurt a.M.: Suhrkamp 1976, S. 60.

die ohne Mitsprache all jener, die es im Spiel betrifft, in den ›göttlichen‹ Hinterzimmern von – in ihren Erscheinungen und Funktionen undurchsichtigen – Institutionen erfasst und beschlossen wurden, so etwas wie ein heruntergekommener Restbestand jener mythischen Gewalt, die Athene bei Aischylos noch glanzvoll repräsentierte. Dieser Gewalt, sei sie auch noch so widersprüchlich, haben sich mit dem Abpfiff des Spiels alle bedingungslos zu beugen, und zwar – wie auch geschehen – widerstandslos. So bietet das in diesem Sinne immer auch politische Urteil das Ende von einer Art Schauprozess, in welchem sich Willkür mit Elementen blanker Sinnlosigkeit paart. Zuletzt nämlich werden im Grunde Unschuldige von der Teilnahme an Prozessen – seien sie auch nur sportlicher Natur – ausgeschlossen und es wird ihnen dabei die Möglichkeit aus den Händen geschlagen, am Glück des Siegens eigenständig zu partizipieren.

Der Zwang zur Entscheidung, bis heute politischer Kernbestand eines jeden sportlichen Wettbewerbs, bildet also das Fortleben eines mythischen und – im erweiterten Sinne – auch undemokratischen Rests. Doch nicht nur lebt in der Ermittlung von Siegern und Verlierern das Element grundsätzlicher Beliebigkeit fort, wie sie legale Urteile zumal in vormodernen Gesellschaften prägte. Noch viel mehr nämlich bildet sich an der Entscheidung von Rotterdam ein eigentümlicher historischer Anachronismus heraus. Dieser resultiert daraus, dass – wollte man das Ausscheiden aus dem Wettbewerb als eine Form von gerechter Strafe für das ›schlechtere‹ Spiel begreifen – der Münzwurf so etwas wie die rituelle Version jenes zumindest für die Verlierer »große[n] Schauspiel[s] der peinlichen Strafe«[28] bedeutet, welches Foucault als vormodern identifizierte. Dies rührt auch daher, dass sich auf dem Fußballfeld zumindest ein wichtiger Aspekt in der modernen Transformation von Strafprozessen und Strafvollzug – »Verschwinden des Schauspiels, Beseitigung des Schmerzes«[29] – offenbar nicht restlos erfüllen lässt.[30] Schließlich leiden die Kölner, Opfer der Gewalt mythischen Zufalls, öffentlich. In diesem Sinne lebt in der Fußballersprache bis heute die Rede von der ›europäischen Bühne‹ fort, die auf eigentümliche Weise an den schon von Aischylos zelebrierten mythischen Einspruch gegen deliberative Urteilsfindung erinnert. So mag zwar richtig sein, dass ein Spiel wie jenes in Rotterdam keinen »Scharfrichter« mehr kennt, der als »der unmittelbare Anatom des Leidens«[31] gesichtsloser Akteur im Schau-

---

[28] Michel Foucault: *Überwachen und Strafen. Die Geburt des Gefängnisses*, übers. von Walter Seitter, Frankfurt a.M.: Suhrkamp 1976, S. 22 f.

[29] Ebd., S. 19.

[30] Noch heute gibt es im Übrigen die (wenn auch unwahrscheinliche) Option des Losentscheids in der Gruppenphase großer Turniere. So wurde bei der Weltmeisterschaft 1990 etwa Irland als Zweiter der Gruppe F ermittelt, nachdem es zu Punkt- und Torgleichheit mit den Niederlanden gekommen war.

[31] Ebd.

spiel des Strafens und Ausschließens ist. Doch kennt das Massenspektakel, welches ein Fußballspiel im beginnenden Fernsehzeitalter in den 1960er längst ist, immerhin noch einen *Schieds*richter, dessen Münzwurf im Prozess der Urteilsfindung nach Souveränitätsgesichtspunkten zum herrschaftlichen Ausdruck einer gleichsam barocken Macht wird. Als Spiel betrachtet wäre dies vielleicht bloß ärgerlich. Als politische Szene hingegen muss der Münzwurf unbedingt Beunruhigung provozieren. So triumphiert doch nicht nur das Prinzip reiner Entscheidung, sondern wird dazu auch noch von allen Beteiligten, so gewaltsam die Entscheidung auch sein mag, ohne Widerspruch anerkannt. – Einer verliert immer.

2
Elfmeterschießen

Indem es den Glauben an die unbedingte Notwendigkeit der Entscheidung befestigt, arbeitet ein jedes Fußballspiel dem gründlichen Misstrauen gegenüber jenen rechtlichen und politischen Praktiken zu, in denen Gruppen, Gemeinschaften oder gar Gesellschaften sich – im Zweifel als demokratische – selbst überlassen werden. Denn die Entscheidung, ist sie auch »aus dem Nichts geboren«[32], kommt immer zur rechten Stunde und kürzt dabei jene langwierigen Verfahren und Prozesse ab, mit denen sich schon der Parlamentarismuskritiker Carl Schmitt nicht beladen wollte. Schließlich wusste bereits Sepp Herberger: »Der Ball ist rund und das Spiel dauert neunzig Minuten.« Spezifisch am Münzwurf von Rotterdam ist aber, dass keiner der Beteiligten und vor allem vom Urteil unmittelbar Betroffenen in die Legitimierung des Entscheidungsprozesses selbst eingebunden ist.[33] Allerdings

---

[32] Carl Schmitt: *Die Diktatur. Von den Anfängen des modernen Souveränitätsgedankens bis zum proletarischen Klassenkampf*, Berlin: Duncker & Humblot 1978, S. 23.

[33] Dies bedeutet im Übrigen keineswegs, dass demokratische Praktiken unter Verwendung von Losentscheid unmöglich wären. So kommt dieses Verfahren wohl bereits in prähistorischen Gesellschaften zum Einsatz, ist jedoch am besten dokumentiert

gehört zu den spezifischen Widersprüchen des Entscheidungsspiels in Rotterdam auch, dass die Entscheidungsfindung im Nachhinein die Diskussion einer Öffentlichkeit provoziert, zu der es gehört, dass sie – gleich ob es allen Beteiligten durchsichtig ist oder nicht – zumindest von einem Gefühl des Unbehagens befallen wird. Jedenfalls sehen sich die Verlierer auch um die mögliche Verwirklichung einiger Grundannahmen betrogen, zu denen besonders in modernen Gesellschaften ja immer auch die Vorstellung gehört, dass Erfolg im Wettbewerb das Ergebnis von harter Arbeit sein müsse, durch die ein ›Verdienst‹ allein rechtmäßig erscheint. Dieses Modell geht wohl auf John Locke zurück, der zwar nicht von Siegen oder Verlieren, aber immerhin von Eigentum als dem Re-

---

im Zusammenhang mit der athenischen Demokratie des fünften vorchristlichen Jahrhunderts, in der – anders als im Fall der Regelfindung der UEFA – der Konsens aller Beteiligten dazu führte, dass Entscheidungen in prozessualen Zusammenhängen durch ein sogenanntes *kleroterion*, eine Losmaschine, ermittelt werden konnten. Vgl. dazu den klassischen Beitrag von Sterling Dow: Aristotle, the Kleroteria, and the Courts, in: *Harvard Studies in Classical Philology* 50 (1939), S. 1-34. Zumal im Licht der Korruptionsaffären von Fußballfunktionären erscheint ausgesprochen nachvollziehbar, was schon Aristoteles in seiner *Politeia* über die Gründe des Losentscheids bemerkt: »man führte bei Besetzung der Ämter statt der Wahl das Los ein, weil Ämtererschleicher gewählt worden waren [...].« (Aristoteles: *Politik*, übers. von Eugen Rolfes, in: *Philosophische Schriften in sechs Bänden*, Bd. 4, Hamburg: Meiner 1995, S. 172)

sultat einer verdienstvollen Arbeit spricht. So bildet die Grundlage dieses Eigentums – darin durchaus verwandt mit dem in Pokalwettbewerben dominierenden Prinzip von Ausscheiden und Exklusion – zunächst einmal die Vorstellung von einem »Herrschaftsrecht mit Ausschluß aller übrigen Menschen über irgend etwas«[34]. Dieses Ausschlussprinzip, welches dem Recht des Eigentums zu Grunde liegt und mit dem Prinzip des »Besitzindividualismus« vielleicht *den* juridisch-politischen Leitfaden für ein Verständnis moderner Subjektivität hervorbringt[35], gilt auch in allen sportlichen Wettbewerben, in denen es um die Identifizierung eines jeweils einzigen und unverwechselbaren Siegers und Verlierers geht. Auf die Angelegenheit des Fußballs übertragen lässt sich dieser »Ausschluß« spezifisch in Pokalwettbewerben wie dem des Europapo-

---

[34] John Locke: *Zwei Abhandlungen über die Regierung*, übers. von Hans Jörn Hoffmann, Frankfurt a.M.: Suhrkamp 1977, S. 216. An anderer Stelle bemerkt Locke über den Menschen, der einer – wie auch immer gearteten – »Natur« sein Eigentum abringt: »Was immer er also dem Zustand entrückt, den die Natur vorgesehen und in dem sie es belassen hat, hat er mit seiner *Arbeit* gemischt und ihm etwas Eigenes hinzugefügt. Er hat es somit zu seinem *Eigentum* gemacht. Da er es dem gemeinsamen Zustand, in den es die Natur gesetzt hat, entzogen hat, ist ihm durch seine *Arbeit* etwas hinzugefügt worden, was das gemeinsame Recht der anderen Menschen ausschließt.« (Ebd., S. 216 f.)

[35] Vgl. dazu den Klassiker C. B. Macpherson: *Die politische Theorie des Besitzindividualismus. Von Hobbes bis Locke*, übers. von Arno Wittekind, Frankfurt a.M.: Suhrkamp 1973.

kals der Landesmeister nachvollziehen. Schließlich geht es ja in jedem Spiel den Teilnehmern nicht bloß darum, selbst im Wettbewerb zu verbleiben, sondern es ist an der Ordnung des Wettbewerbs auch ganz elementar das Ziel formuliert, die gegnerische Mannschaft, die sich diesem Verbleib im Wettbewerb, den man als ›eigenen‹ betrachtet, in den Weg stellt, ganz buchstäblich auszuschalten und – militärisch gesprochen – zu ›eliminieren‹.

Das Ausscheiden der Kölner an jenem Abend von Rotterdam hat indessen auch die Presse als einen Teil der Öffentlichkeit bewegt, zumal der eigentliche Spielverlauf den damaligen deutschen Meister in vielen Bereichen als den fußballerisch überlegenen zeigte. Darin kündigt sich eine andere, nicht weniger grundsätzliche Frage an, die nicht nur das Problem des rechten Grundes für eine Entscheidung als einer den formalen Statuten und Gesetzen gemäßen betrifft. Der Münzwurf nämlich, zumal aus der Perspektive einer historischen Situation, in dem sich die ›liberalen‹ Gesellschaften heute befinden, ruft ebenso die Frage nach jener Idee auf den Plan, die schon seit jeher im Verhältnis zu bloß rechtlichen Prozessen und Formalien eine schwierige, wenn nicht gar unbewältigte war: die Idee der Gerechtigkeit. Das Wort fällt zwar nicht, aber das Problem ist unzweifelhaft gemeint, wenn das *Abendblatt* am Tage nach dem Spiel über die Reaktion des Kölner Trainers anmerkt:

> Trainer Knöpfle war sehr gefaßt, als er sagte: »Das Ganze hat doch nichts mit Sport zu tun, es darf doch nicht wahr sein, daß nach drei unentschiedenen Spielen in genau fünf Stunden ein Los entscheidet, eine Münze, wie sie Kinder zum Spielen nehmen. Wenn man ein Elfmeterschießen als Entscheidung herangezogen hätte, so würde ich darin noch einen Sinn sehen, weil das mit Fußball ein wenig zu tun hat. Doch das Los mit einer Münze? Es ist einfach unfaßbar.«

Aufgerufen ist – auch wenn die Klage ja ›nur‹ ein Fußballspiel betrifft – zweifellos ein in Sportgeschichte verwandeltes Echo jenes »[g]erechten Sinns«, wie er schon Aischylos umtrieb, als er im Drama das Problem und die Grenzen legitimer Urteilsfindung austarierte. Doch wird der Gerechtigkeitssinn in der Aussage des Trainers in nuanciert moderner Gestalt angerufen, weil er um eine eigentümliche, aber durchweg symptomatische Vorstellung erweitert wird, die in der Struktur der griechischen Tragödie noch keinerlei Rolle spielt: nämlich die Vorstellung, dass man sich einen Sieg zu verdienen habe. Abgestreift von der Frage nach dem »[g]erechten Sinn[]« ist also im Grunde die Vorstellung, dass es am Ende sowieso bloß mythischen Kräften in einer den Menschen undurchschaubaren Konstellation gelingt, diesen zu wahren und somit auch zu einem gerechten Urteil zu gelangen.

Der modernen, dem Schein nach von solchem mythischen Hokuspokus gereinigten Rationalität gegenüber erscheint die Aleatorik eines Münzwurfs, die Aischylos, so er in ihr noch mythische Kräfte am Werk sähe, wohl begrüßt hätte, wie ein veritabler Skandal. Dem modernen Leistungsethiker nämlich, der sich in der Welt des Sportlichen heimisch fühlt, muss die bizarre Anrufung des Zufalls zunächst einmal wie eine sinnlose, defätistische Schändung eines Prinzips gelten, nach welchem man im Jahr 1965 seine gesellschaftlichen, kulturellen und auch politischen Prozesse zu regeln beginnt. Außer Kraft gesetzt nämlich erscheint die Phantasie eines Leistungsethos, welches von einem sich in der zweiten Hälfte des 20. Jahrhunderts stetig fortentwickelnden meritokratischen Weltbild herrührt, das der Entwicklung des Fußballs wie auch des Leistungssports insgesamt entscheidende Impulse verleiht. Mit diesem Weltbild kommt ein neuer Anspruch auf Habhaftwerdung einer Trophäe in das sportliche System des Wettbewerbs. Denn der Anspruch auf den Sieg, der ja immer auch im Davontragen von Dingen des Ruhms ein proprietäres Element mit sich führt, muss ein in irgendeiner Weise ›sinnvoller‹ sein, weil er nicht mehr bloß durch die mythische Hand des Schicksals zu erlangen ist, sondern – zurück zu Locke – allein durch den Kraftakt harter und vor allem verdienstvoller Arbeit.

Genau aus der Kollision mit diesen neuen meritokratischen Grundannahmen, wie sie in den 1960er Jahren langsam an die gesellschaftlichen Oberflächen dringen, rührt denn auch die grundlegende Verlegenheit des Kölner Trainers sowie seine alles in allem hilflose Aussage, dass es »einfach unfaßbar« sei, wie die Entscheidung zustande gekommen ist. In dem begriffslosen Gestammel liegt neben dem heimlichen Schrecken vor einer unter meritokratischen Grundannahmen unheimlichen Zufälligkeit des Ergebnisses aber auch das Eingeständnis, dass der Abend samt seinem Widerspruch zwischen Zufall und Leistungsethik unverstanden und vor allem unbewältigt bleibt. Denn das Zustandekommen des Ergebnisses lässt sich von keiner Erzählung beugen, die eine Bemessung der Ereignisse nach jenen meritokratischen Prinzipien erlauben würde, welche Konkurrenzsystemen in liberalen Gesellschaften zumindest den Schein eines sicheren Fundaments verschaffen. Michael J. Sandel hat vor wenigen Jahren in diesem Kontext auch von einem »liberal providentialism« gesprochen, der Gesellschaften zumal der letzten fünf Jahrzehnte so nachhaltig geprägt hat, da in ihnen immerhin der Rhetorik nach nichts dem Zufall überlassen wird und alles in direkter oder indirekter Weise zum Resultat einer vor allem – wenn nicht gar: immer nur – individuellen Verantwortung erklärt wird.[36]

---

[36] Dies betrifft keineswegs nur die sportlichen Aspekte des Lebens, sondern ebenso gesellschaftliche Angelegenheiten wie Bildung, persönliche Entwicklung und gar Gesundheit, für die nach Grundannahmen von ›neoliberalen‹ Gesellschaften die Individuen selbst ihre Verantwortung tragen: »Viewing health and wealth as matters of praise and blame is a meritocratic way of looking at life. It concedes nothing to luck or grace and holds us wholly responsible for our fate; everything that happens is a

Dass dabei, wie der Kölner Trainer behauptet, der Münzwurf »nichts mit Sport zu tun« habe, bedeutet in diesem Sinne keineswegs bloß, dass es sich bei der Urteilsfindung nicht um ein sportliches Ereignis handele, sondern dass es nicht gemäß jener heute längst zur Konvention geronnenen Grundannahme zustande gekommen sei, wie sie das meritokratische Modell als einzig gültige Form des Verdienstes vorsieht. Der gefühlte Skandal also reicht weit über den sportlichen Aspekt hinaus und berührt damit die Tatsache, dass sich ein Sieg im Rahmen des bestehenden Reglements, wie es die UEFA für den Fall eines dreimaligen Unentschiedens vorgesehen hatte, nicht nach ›liberalen‹ Maßstäben der eigenen Verantwortung erarbeiten lässt. Eine solche Entscheidung, wie sie durch den Münzwurf zustande kommt, ist also im Grunde schon 1965 vor allem dies: ›aus der Zeit gefallen‹.

Im Unbehagen, wie sie die Aussage des Kölner Trainers artikuliert, liegt indessen keineswegs ein Misstrauen gegenüber der Notwendigkeit der Entscheidung. Niemand nämlich zweifelt daran, dass sich an einem

---

reward or punishment for the choices we make and for the life we live. This way of thinking celebrates a thoroughgoing ethic of mastery and control and gives rise to meritocratic hubris. It prompts the successful to believe they are ›doing God's work‹ and to look down on victims of misfortunate – hurricanes, tsunamis, ill health – as blameworthy for their condition.« (Michael J. Sandel: *The Tyranny of Merit. What's Become of the Common Good?* New York: Farrar, Straus and Giroux 2020, S. 49)

Abend wie jenem in Rotterdam alles gewinnen und alles verlieren lassen müsse. Nur – und allein daran entzündet sich das Unbehagen – verdienen lässt sich hier eben nichts. So droht der Wettkampf, der durch die Münze entschieden wird, nicht nur auf einer archaischen Stufe defätistischer Zufälligkeit stecken zu bleiben. Vielmehr beleidigt der Münzwurf auch das historisch langsam an Fahrt aufnehmende Ideologem, das der neuen und heute allgegenwärtigen Rede von Leistung und harter Arbeit zugrunde liegt. Zum verborgenen Kern des Problems, das der Abend in Rotterdam illustriert, führt nämlich, dass eben dieses nicht bloß ein sportliches ist, sondern zuletzt auch (und vor allem) eines, das zum präsuppositiven Grundbestand spätkapitalistischer Gesellschaften gehört.[37] Lässt sich nämlich in der Tat eine Verbindung

---

[37] Vgl. dazu schon Max Weber: *Die protestantische Ethik und der »Geist« des Kapitalismus*, hg. von Andrea Maura, Stuttgart: Reclam 2017. Formelhaft bringt Weber hier die Begriffe des (Geld-)Verdienens mit denen des »Sieges im ökonomischen Daseinskampfe« zusammen: »Die kapitalistische Wirtschaftsordnung *braucht* diese Hingabe an den ›Beruf‹ des Geldverdienens: sie ist eine Art des Sichverhaltens zu den äußeren Gütern, welche jener Struktur so sehr adäquat, so sehr mit den Bedingungen des Sieges im ökonomischen Daseinskampfe verknüpft ist, daß von einem *notwendigen* Zusammenhange jener ›chrematistischen‹ *Lebensführung* mit irgendeiner einheitlichen *Weltanschauung heute* keine Rede mehr sein kann. Sie hat es namentlich nicht mehr nötig, sich von der Billigung irgendwelcher religiöser Potenzen tragen zu lassen und empfindet

schlagen zwischen einer Ethik des Verdienens, ›Sportsgeist‹ und einem (neo)liberal-kapitalistischen Programm von Leistung, dann heißt dies auch, dass in der alles in allem hilflosen Aussage des Kölner Trainers gleichsam symptomatisch der Ausdruck eines immanenten Widerspruchs liegt, nach dem nämlich im Münzwurf eine im Grunde unzeitgemäße historische Schicht fortlebt, die es doch endlich hinter sich zu lassen gelte. Wie im Korsett einer ›Ungleichzeitigkeit‹ hängt diese Schicht noch an einem alten schicksalsbeladenen Weltbild und kollidiert dabei mit den ideologischen Grundvoraussetzungen eines Zeitalters, in dem – ganz nach den (illusorischen) Vorstellungen eines in jedem Fall gerechten und leistungsbezogenen Wettbewerbs – die Individuen, Gruppen und natürlich auch sportlichen Mannschaften jeweils selbst als ›ihres Glückes Schmied‹ zu gelten haben. Dieser Konflikt ist so offensichtlich wie er im Moment des Münzwurfs zugleich unauflösbar scheint. So drängt er die Intuition, die sich im Kontext einer meritokratisch-kapitalistischen

---

die Beeinflussung des Wirtschaftslebens durch die kirchlichen Normen, soweit sie überhaupt noch fühlbar ist, ebenso als Hemmnis, wie die staatliche Reglementierung derselben. Die handelspolitische und sozialpolitische Interessenlage pflegen dann die ›Weltanschauung‹ zu bestimmen. Wer sich in seiner Lebensführung den Bedingungen kapitalistischen Erfolges nicht anpaßt, geht unter oder kommt nicht hoch. Aber das sind Erscheinungen einer Zeit, in welcher der Kapitalismus, zum Siege gelangt, sich von den alten Stützen emanzipiert hat […].« (S. 48 f.)

Ordnung formiert, auf eine als notwendig empfundene Reform des Reglements, in der – wollte man über Fußball tatsächlich mit Hegel sprechen – der immanente Widerspruch und die Drohung, dass sich die Fundamente des Wettbewerbs gleichsam selbst negieren, zur ›Aufhebung‹ kommt.

Dass Geschichte womöglich tatsächlich Momenten solcher ›Aufhebung‹ entgegenstrebt, wird dadurch angezeigt, dass Jahre nach dem ›Münzwurf von Rotterdam‹ jene Epoche des Fußballs beginnen wird, in der es zur Einführung jenes Elfmeterschießens kommt, von dem bereits im Kommentar des Kölner Trainers die Rede war. Dabei reicht der naheliegende Verweis darauf, dass ein solches Elfmeterschießen dem dramatischen Charakter des Spiels ein neues Element der Spannung zufügen würde, keineswegs aus, um seinen eigentlichen ideologischen Wert angemessen zu begreifen. Vielmehr scheint es, dass der Widerspruch, der sich an der Präsenz zweier widerstreitender historischer Schichten, die im Münzwurf als Entscheidungsträger des fußballerischen Wettbewerbs aufeinandertreffen, so unerträglich wird, dass die sich auf dem Vormarsch wähnende Logik der Meritokratie den Institutionen des Fußballs gleichsam notwendigerweise eine Reform abverlangt. Denn die Maxime, die den Zufall im Licht der neuen Leistungsethik so skandalös macht, kann nur lauten, dass es die Mannschaften am Ende *selbst* zu regeln haben, wer gewinnt und wer verliert. Der sportliche Wettbewerb – darin die Schwelle zum postfordistischen Zeitalter spiegelnd, in welchem eben die distinkt individuelle Leistung und nicht mehr ›unlesbar‹ gewordene Vorstellungen vom kollektiven Glück Gesellschaften antreibt – braucht also ein anderes, ein ›zeitgemäßes‹ Instrument, um die Entscheidung über Siegen und Verlieren zu legitimieren. Um also den alten Widerspruch zwischen sinnvoller Leistung und sinnlosem Zufall ›aufzuheben‹, beschließt, nach einigen Experimenten auf der Ebene nationaler Verbände[38], das für Regeländerung zuständige *International Football Association Board (IFAB)* am 27. Juni 1970 die Einführung des Elfmeterschießens. – Von nun an ›verdient‹: Einer verliert immer.

---

[38] Bereits in den 1950er und vor allem 1960er Jahren beginnen einige Fußballverbände, vor allem der jugoslawische und der italienische, mit dem Elfmeterschießen zu experimentieren. Tatsächlich drängend wird das Problem allerdings erst, nachdem am 5. Juni 1968 das Europameisterschaftshalbfinale zwischen Italien und der Sowjetunion nach einem 0:0 mit Münzwurf zugunsten der Italiener entschieden wird. Die anschließenden Diskussionen führten schließlich zur Regeländerung.

3
›Tragischer Held‹

Nach dem Beschluss des IFAB wird es sechs Jahre dauern, bis mit der Europameisterschaft 1976 das erste große Turnier durch ein Elfmeterschießen entschieden wird. Hauptdarsteller im neuen Drama der Entscheidung wird dabei einer, der heute vielen nur noch als langjähriger Manager und Präsident von Bayern München sowie als ein wegen Steuerhinterziehung verurteilter Haftinsasse von Landsberg bekannt ist. Am 20. Juni 1976 nämlich versenkt niemand anders als Uli Hoeneß den Ball zwar im Belgrader Nachthimmel, nicht aber im Tor des Gegners. Durch seinen Fehlschuss wird die Tschechoslowakei zum ersten großen Sieger eines Elfmeterschießens auf großer internationaler Bühne. Dass es ausgerechnet die Deutschen sein werden, die in den kommenden Jahrzehnten ihren Weg zu den uneingeschränkten Königen des Elfmeterschießens antreten sollten, ist damals also noch nicht abzusehen.

Wie schon der ›Münzwurf von Rotterdam‹ wird auch dieses Spiel von den meisten bloß noch als sportgeschichtliche Anekdote behandelt. Dies findet darin seinen Niederschlag, dass – noch heute ist die Rede von der ›Nacht von Belgrad‹ – der Abend des Endspiels in den Fußballannalen einen Titel davongetragen hat, der an Uli Hoeneß' ›nächtlichem‹ Fehlschuss metonymisch

Anklang nimmt. Was den Anekdotencharakter solcher Annalen betrifft, so spiegelt sich zwischen dem ›Münzwurf von Rotterdam‹ und dieser ›Nacht von Belgrad‹ jedoch eine ernsthafte und in jedem Fall symptomatische Umwälzung, die tiefer reicht als die Geschichte zweier Fußballspiele. Schließlich liegt in dem Versuch, jeden (mythischen) Widerspruch am Resultat eines Spiels zu tilgen und ›aufzuheben‹, auch der Einspruch eines sich still reformierenden meritokratisch-kapitalistischen Modells, zu dessen ikonischem Abbild die schuldhaft geschlossenen Augen Uli Hoeneß' im Moment des Versagens wurden. Dabei liefert das Elfmeterschießen, dessen Verlauf im kollektiven Fußballgedächtnis heute zu einem einzigen Fehlschuss geronnen ist, einen symbolischen Moment, der jenseits seines sportlichen Werts auch für ein sich neu etablierendes System von Eigenverantwortlichkeit und Leistung einsteht. Dessen Entwicklung steht dabei unbedingt im Dialog mit einer breiten gesellschaftspolitischen Transformation, die – am Horizont die Zeichen von Nixon-Schock, Ölkrise und Margaret Thatcher – in den frühen 1970er Jahren langsam sichtbar wird. Diese mündet in die sukzessive Aufkündigung jenes keynesianischen Modells von Gesellschaft und Wirtschaft ein, welche die Nachkriegsordnung bis hierhin prägte und in dem der je Einzelne womöglich weniger Anrecht auf individuelles Glück hatte, dafür aber sich auf die Mechanismen relativer sozialer Sicherheit verlassen konnte.

Die ›Nacht von Belgrad‹ findet dabei im geschichtlichen Morgengrauen einer Welt statt, in der sich jenes spätkapitalistische Regime ankündigt, für das heute meistens der Begriff des Neoliberalismus einsteht und welches sowohl Märkte als auch Individuen von jener vermeintlich überkommenen Staatlichkeit zu befreien vorgibt, die es – in der Sprache eines seiner intellektuellen Gründungsväter – brandmarkt als einen »Frankenstein that will destroy the very freedom we establish it to protect«[39]. Dabei bringen Versuche, dieses neue Regime begrifflich einzufangen, ein semantisches Feld hervor, das, so scheint es, unbedingt mit der Einführung des Elfmeterschießens in Verbindung steht. Die Begriffe reichen von Ulrich Becks Rede von der »Risikogesellschaft«[40] über die vom späten Foucault (im Kontext einer Genealogie des ›Subjekts‹) inspirierten Versuche über »Gouvernementalität« und »Selbsttechnologien«[41] bis hin zum Begriff des *popular*

---

39 Milton Friedman: *Capitalism and Freedom*, Chicago/London: The University of Chicago Press 2002, S. 2.

40 Ulrich Beck: *Risikogesellschaft. Auf dem Weg in eine andere Moderne*, Frankfurt a.M.: Suhrkamp 1986.

41 Bezugnehmend vor allem auf Foucaults Vorlesungen am Ende der 1970er Jahre vgl. die hervorragende Einleitung zum Band über *Gouvernementalität der Gegenwart*, die den Verbund zwischen Foucaults Konzept und der Diagnose einer neoliberalen Konstellation aufzeigt: »Zwar bindet auch der Neoliberalismus die Rationalität der Regierung an das rationale Handeln der Individuen; er sucht jedoch das rationale Prinzip für die Regulierung des Regierungshandelns nicht mehr in einer

capitalism, mit dem in Thatchers Großbritannien schließlich ein mittlerweile global bekanntes Phänomen benannt wurde, das ein vor allem kreditfinanziertes Modell von *homeownership* zum Kernbestand einer politischen Ordnung macht. Entlastet werden sollen nämlich die Öffentlichkeit, der Staat und eben jene »Gesellschaft«, die es nach Thatcher ja sowieso nicht geben durfte.[42] Risiken

---

natürlichen Freiheit, die es zu respektieren gilt, sondern findet es in einer künstlich arrangierten Freiheit: dem unternehmerischen Verhalten der ökonomisch rationalen Individuen.« (Thomas Lemke, Susanne Krasmann, Ulrich Bröckling: Gouvernementalität, Neoliberalismus und Selbsttechnologien. Eine Einleitung, in: *Gouvernementalität der Gegenwart. Studien zur Ökonomisierung des Sozialen*, hg. von Ulrick Bröckling, Susanne Krasmann und Thomas Lemke, Frankfurt a.M.: Suhrkamp 2000, S. 15) Vgl. auch Thomas Lemke: *Eine Kritik der politischen Vernunft: Foucaults Analyse der modernen Gouvernementalität*, Hamburg: Argument 2010.

42 Berühmt sind Margaret Thatchers Aussagen in einem Interview mit *Woman's Own* aus dem Jahr 1987: »I think we have gone through a period when too many children and people have been given to understand ›I have a problem, it is the Government's job to cope with it!‹ or ›I have a problem, I will go and get a grant to cope with it!›, ›I am homeless, the Government must house me!‹ and so they are casting their problems on society and who is society? There is no such thing! There are individual men and women and there are families and no government can do anything except through people and people look to themselves first.« (zitiert nach: https://www.margaretthatcher.org/document/106689, zuletzt eingesehen 12. Juli 2023) Eine gründliche Rekonstruktion der britischen Verhältnisse findet sich

übernehmen fortan nicht mehr Kollektive und staatliche Institutionen, sondern zunehmend die Subjekte, die sich nun als je einzelne und einsame um ihr Schicksal zu kümmern haben. Dabei repräsentieren jene Begriffe samt den dazugehörigen gesellschaftlichen Phänomenen vor allem eine neue Variante von Kapitalismus, die spätestens seit der Aufkündigung des Abkommens von Bretton Woods im Jahre 1973 eine individuenbezogene »Finanzialisierung der Wirtschaft« hervorbringt und in deren letzten Zügen wir uns heute in einer alles in allem in Unordnung geratenen Welt befinden. Grundlage des Zeitalters ist, dass »die Wohlfahrtskompromisse im ›demokratischen Kapitalismus‹ aufgeweicht oder annulliert«[43] und damit auf die je einzelnen gesellschaftlichen Akteure abgewälzt wurden. Als Folge dieses Paradigmenwechsels nimmt sich nun der Staat nicht mehr seiner Bürger an, sondern kommt – zusammen mit den Zentralbanken – allenfalls noch als *lender of last resort* wie in der globalen Finanzkrise um 2008 für jene privatwirtschaftlichen Institute (vor allem Banken und Versicherungen) auf, vor deren Einsturz sich im Grunde bloß jene fürchten, die ihr *investment* zu verlieren glauben. Hingegen aus der Fürsorge genommen wird – »Ask not what your country can

---

im Übrigen bei Alexander Gallas: *The Thatcherite Offensive. A Neo-Poulantzasian Analysis*, Leiden: Brill 2015.

[43] Joseph Vogl: *Der Souveränitätseffekt*, Zürich: diaphanes 2015, S. 174.

do for you – ask what you can do for your country.«[44] – die allergrößte Mehrzahl der Individuen, die nun Schritt für Schritt sich selbst überlassen werden. Ihnen nämlich, den Verstoßenen aus den fürsorglichen Einrichtungen eines gesellschaftlichen Ganzen, wird plötzlich neue »Verantwortung« abverlangt, und zwar so, als seien sie – und nicht eben die Spekulanten – es, denen das ›Wohl des Ganzen‹ vornehmlich in den Händen liege.

Dass eine solche Umwälzung ideologischer Konvention auch an der Welt des Fußballs nicht spurlos vorübergehen kann, erscheint folgerichtig. So betritt gleichsam stellvertretend in der ikonischen Gestalt von Uli Hoeneß die Verkörperung jenes neu sich formulierenden *Prinzips Verantwortung* die Bühne des Fußballs, die noch nicht einmal die einer Gemeinschaft oder wenigstens die einer Mannschaft ist, sondern am Ende immer nur die des Einzelnen und – zumal am Elfmeterpunkt – Einsamen.[45]

---

[44] Die berühmte Aussage aus der *inaugural address* John F. Kennedys ist schon Milton Friedman »a striking sign of the temper of our times«. (Milton Friedman: *Capitalism and Freedom*, a.a.O., S. 1)

[45] Vgl. dazu Hans Jonas, ein Zeitgenosse Uli Hoeneß', der – in Anlehnung an Kant – eine (ökologische) Ethik entwarf, die über eine radikal individualistische Maxime funktioniert: »Handle so, dass die Wirkungen deiner Handlung verträglich sind mit der Permanenz echten menschlichen Lebens auf Erden.« (Hans Jonas: *Das Prinzip Verantwortung. Versuch einer Ethik für die technologische Zivilisation*, Frankfurt a.M.: Suhrkamp 1979, S. 36)

Derweil die Notwendigkeit der Entscheidung unangetastet bleibt, rückt nun mit dieser Verantwortung als immer nur individualisiertes Prinzip das ideologische Fundament nicht nur einer aufziehenden neuen Weltordnung unter neoliberalem Regime in den Blick, sondern eben auch des Elfmeterschießens. Dramaturgisch verdichtet erscheint nämlich, was Foucault einmal als »›Taktik‹ der Individualisierung«[46] bezeichnete, als er jene Tendenz einer »Machtform« begrifflich einzugrenzen versuchte, welche »die Individuen in Subjekte [verwandelt]« und sie dabei – hier eine Referenz des späten Foucault an seinen Lehrer Althusser – buchstäblich »unterjocht und unterwirft«[47].

So schreitet auf der Fußballbühne der einsame Schütze, gegenüber der (politischen) Notwendigkeit der Entscheidung ›subjektiviert‹, zum Elfmeterpunkt und nimmt die Bürde der Verantwortung einzig auf sich. Denn eben dies ist die Rolle des jungen Uli Hoeneß an jenem Juniabend in Belgrad: Er ist zwar Teil eines Ganzen, aber in seiner Angst vor dem Versagen vergisst er seine Stellvertreterrolle und ist im Augenblick der Verfehlung ganz mit sich allein. Von der Verlassenheit geplagt, steht er wie die vom Wohlfahrtsstaat Alleingelassenen vor dem

---

[46] Michel Foucault: Subjekt und Macht, übers. von Michael Bischoff, in: ders.: *Dits et Ecrits. Schriften*, Bd. 4, Frankfurt a.M.: Suhrkamp 2005, S. 279.
[47] Ebd., S. 275.

privatisierten Gesundheitssystem oder, wie Adorno und Horkheimer einmal so schlagend in der *Dialektik der Aufklärung* bemerkten, »wie Rentner vor den industriellen Trusts: keiner darf sich mehr sicher fühlen.«[48]

Mit dem neuen politischen Paradigma der Eigenverantwortung, das in der neuen Praxis des Elfmeterschießens einen symptomatischen Schauplatz herausbildet, ist in diesem Sinne auch jenes Phänomen verbunden, dass ein Titel wie derjenige, den Peter Handke einst seiner als Erzählung erschienenen Angststudie über den psychotischen Frauenmörder Josef Bloch gab, heute kaum noch lesbar erscheint. Denn was noch 1970 *Die Angst des Tormanns vorm Elfmeter* hieß, lässt schon ein Jahrzehnt später die Lesenden verwundert stocken und sich fragen, ob das Bild, das Handke hier verwendet, tatsächlich ein der historischen Situation angemessenes ist. Schließlich ist es im Licht der Realität eines Elfmeterschießens doch einzig der Schütze und eben nicht der Torwart, der etwas zu verlieren hat. Dabei liegt die Angst vor dem Versagen in der individualisierten Praxis des Entweder-Oder beim Schießenden allein. Diese Angst jedoch ist keineswegs, wie Kierkegaard einmal bemerkte, eine abstrakt ontologische »Wirklichkeit der Freiheit als Möglichkeit für die Möglichkeit«[49] und bedeutet darum auch nicht bloß

---

[48] Theodor W. Adorno und Max Horkheimer: *Dialektik der Aufklärung*, a.a.O., S. 29.

[49] Sören Kierkegaard: *Der Begriff der Angst*, übers. von

ein Verhältnis von »Geist zu sich selbst«[50]. Vielmehr ist sie der Marker für das Verhältnis eines sich plötzlich als unglücklich erfahrenden Bewusstseins zu einem abstrakten (gesellschaftlichen) Ganzen, das jenes diffus umgibt und darum in dem Augenblick, in dem jenes selbst zum Agenten der Entscheidung wird, vor allem eines mit ihm anstellt: nämlich ihn zu einem Einsamen macht.[51]

In diesem Sinne liefert der Himmel von Belgrad bloß eine negative Form der Erlösung. Das mag auch der Grund dafür sein, warum die erfolgreichen Schützen kaum einen Platz im Gedächtnis der Fußballgeschichte einnehmen.[52] Stattdessen hat das Erinnern an die großen

---

Rosemarie Lögstrup, in: ders.: *Die Krankheit zum Tode. Furcht und Zittern. Die Wiederholung. Der Begriff der Angst*, hg. von Hermann Diem und Walter Rest, München 2005: dtv, S. 488.

50 Ebd., S. 490.

51 Eine andere Formel, mit der Alan Greenspan, ehedem Präsident der Federal Reserve, die Logik von Angst und »insecurity« auf den Punkt brachte, prägte dieser während seines Auftritts vor dem US-Kongress am 21. Januar 1997, als er über die Grenzen des Modells bemerkte: »Suppressed wage-cost growth as a consequence of job insecurity can be carried only so far.« Vgl. zur Rolle von Angst im Kontext kapitalistischer Gesellschaften auch Rainer Mausfeld: *Angst und Macht. Herrschaftstechniken der Angsterzeugung in kapitalistischen Demokratien*, Frankfurt a.M.: Westend 2019.

52 Unter den Schützen der Tschechoslowaken ist allenfalls der Name Antonín Panenkas noch geläufig, und zwar nicht, weil er der letzte Schütze war, sondern weil er gleich nach Uli Hoeneß im letzten der Elfmeter mit einem kuriosen Lupfer – auch heute

Elfmeterschießen auch die nachfolgenden Generationen an Verlierern ereilt, bleibt doch der Blick bis heute auf eben jene Versagenden gerichtet, die sich in der Nachfolge von Uli Hoeneß – am bekanntesten sind wohl der Italiener Roberto Baggio (WM 1994) sowie die Franzosen David Trezeguet (WM 2006) und Kingsley Coman (WM 2022) – gerade im Augenblick ihres Scheiterns ›verewigten‹. Denn wenn auch alle wissen, dass der Ball sein Ziel nicht findet, liefern gerade die Fehlschüsse – auf Youtube millionenfach angeschaut – in der Gestalt der Schützen genau jene Projektionsflächen, die sich mit den je eigenen Sorgen und vor allem Ängsten im Zeitalter der Selbstverantwortung ausmalen lassen. Nur der ›Versager‹ nämlich kann die Figur liefern, die sich zur Identifikation anbietet und darin zumindest die Hoffnung am Leben hält, die Angst, die die Menschen heute vor allem doch abseits eines Fußballspiels plagt, nicht alleine bewältigen zu müssen. Es scheint also, als liege die widersprüchliche Faszination am Elfmeterschießen gerade darin, dass die je einsamen Verlierer jenen so gründlich ersehnten Trost darin anbieten, nach dem ihr Scheitern vor der Unerfüllbarkeit von Verantwortung am Ende eben doch eine Gemeinschaft – nämlich ›uns alle‹ – betrifft.[53]

---

noch »ein Panenka« genannt – den schon am Boden liegenden Sepp Meier überwinden konnte.

[53] Experimentiert wurde bekanntlich auch mit dem sogenannten *golden goal*. Damit, so scheint es, versuchte man

Für die ›Versager‹ des Elfmeterschießens hat sich derweil ein fester Name eingebürgert, wurde doch in der Sprache des Fußballs sowohl für Uli Hoeneß als auch für die anderen traurigen Schützen, die Rede vom ›tragischen Helden‹ zur landläufigen Konvention. So begleitet auf der Website des Deutschen Fußballbundes das Foto von einem in Verzweiflung die Hände über sein Gesicht haltenden Uli Hoeneß genau diese Bildunterschrift: »Tragischer Held: Uli Hoeneß«.[54] Die Redewendung jedoch, so

---

sich in den 1990er Jahren des Unbehagens zu entledigen, das sich daraus ergibt, dass ein Sieg im Elfmeterschießen nicht redlich herausgespielt und also im höheren Sinne nicht fußballerisch ›verdient‹ sei. Zu wahllos erscheinen offenbar bisweilen die Gründe für das (individuelle) Versagen. Hier war es bekanntlich die deutsche Mannschaft, die von der Einführung der neuen Regel profitierte und sich mit Oliver Bierhoffs Tor zum 2:1 in der Verlängerung am 30. Juni 1996 ausgerechnet gegen Tschechien den Sieg bei der Europameisterschaft sichern konnte. Dass die Spiele mit andauernder Gültigkeit der Regel jedoch vielfach verflachten und sich die Mannschaften vor allem auf Gegentorvermeidung konzentrierten, hatte ironischerweise zur Folge, dass das meritokratische Prinzip und die Angst, die es verbreitet, die Spiele geradezu lähmten. Solche Zurschaustellung der Angst konnte der ›Geist‹ des Wettbewerbs aber ebenso wenig tolerieren wie den spürbaren Schwund jenes ideologischen ›Mehrwerts‹, der darin besteht, dass im Elfmeterschießen der je einzelne ›Versager‹ vorgeführt wird.

[54] Bild und Unterschrift finden sich unter: https://www.dfb.de/die-mannschaft/turniere/europameisterschaften/em-geschichte/1976-elfmeter-drama/ (zuletzt eingesehen: 12. Juli 2023).

sehr sie zum festen Repertoire eines jeden Sportreporters heute gehört, hat etwas eigentümlich Widersprüchliches. Denn was eigentlich ist an einem scheiternden Elfmeterschützen ›tragisch‹? Zumal vor der Folie des Münzwurfs, dessen Unzeitgemäßheit im Angesicht neuer meritokratischer Legitimationspraktiken eklatant wurde, war doch die Einführung des Elfmeterschießens gerade der Ausdruck einer Form von Befreiung gegenüber der mythischen Kraft des Zufalls. Und speist sich die Gattung der antiken Tragödie – wie sie in Aischylos' *Oresteia* dem Publikum vor Augen tritt – nicht an einem unlösbaren Konflikt zwischen Individuum (Orest) und mythischer Kraft, der gerade *nicht* durch die Leistung eines Einzelnen zur ›Aufhebung‹ zu bringen ist?

Hier war es Nietzsche, der wie kaum ein anderer erkannte, dass der Preis solcher Unlösbarkeit gar kein schmerzhafter sein muss. Zwar wird das Individuum nicht für einen Sieg über die mythischen Zusammenhänge vorbereitet, aber doch liegt dessen eigentlich paradoxer ›Triumph‹ in der Tragödie gerade darin, dass es geradezu lustvoll selbst zur ›Aufhebung‹ gelangt, indem es buchstäblich verschwindet. Denn indem bereits *Die Geburt der Tragödie* gewissermaßen die Platte putzte und mit dem Verständnis einer im Grunde bürgerlichen Auffassung von Kunst nach Prinzipien des schönen Scheins aufräumte, beantwortet Nietzsche zugleich die Frage nach dem »Begriff des *Tragischen*«:

> Aus dem Wesen der Kunst, wie sie gemeinhin nach der einzigen Kategorie des Scheines und der Schönheit begriffen wird, ist das Tragische in ehrlicher Weise gar nicht abzuleiten; erst aus dem Geiste der Musik heraus verstehen wir eine Freude an der Vernichtung des Individuums. Denn an den einzelnen Beispielen einer solchen Vernichtung wird uns nur das ewige Phänomen der dionysischen Kunst deutlich gemacht, die den Willen in seiner Allmacht gleichsam hinter dem principio individuationis, das ewige Leben jenseits aller Erscheinung und trotz aller Vernichtung zum Ausdruck bringt.[55]

Lässt die *Oresteia* also die bürgerlichen Individuen mit leeren Händen dastehen, weil sie das Unentschieden selbst nicht überwinden konnten und am Ende bloß der mythischen Kraft Athenes eine Entscheidung abverlangen mussten, so heißt dies mit Nietzsche: dass die Tragödie nicht eigentlich Orest vor Gericht stellt, sondern vielmehr das deliberative System, das sich ja auch auf der Idee der individuellen und zumal zählbaren Stimmen gründet. Nicht bloß das Unentschieden, sondern diese zwölf, die das Gericht als Stimmen zählt, werden ›vernichtet‹ – und mit ihnen, so Nietzsche, die Idee des »Individuums« selbst.

---

[55] Friedrich Nietzsche: *Die Geburt der Tragödie*, in: ders.: *Kritische Studienausgabe*, hg. von Giorgio Colli und Mazzino Montinari, München: dtv 1988, Bd. 1, S. 108.

Sofern die Tragödie nun dieses Individuum vernichtet und sich damit schon ihrer Form nach der Vorstellung verweigert, dass es jemals – zumal als selbstverantwortliches – zum Elfmeter überhaupt antreten könne, warum ist Uli Hoeneß dann ein ›tragischer Held‹? Möglich ist, dass er sich selbst am Belgrader Abend wie vernichtet fühlt, doch wohl eher aus Scham oder Unglück, nicht aber weil er, wie Nietzsche auch bemerkt, sich in der »ewigen Lust des Daseins«[56] wiederfindet. Die Tragödie verknüpft das Festhalten am Moment der Entscheidung mit der Aus*löschung* von Individualität, das Elfmeterschießen hingegen mit der Aus*stellung* derselben. Vom Tragischen zu sprechen ist also ein Kategorienfehler, wenn auch vielleicht ein symptomatischer. Schließlich ist der arme Uli Hoeneß bloß der Stellvertreter der Idee eines Individuums, das in Stellvertretung für ein Ganzes, ein Team oder gar eine ›Nation‹ die Last des Daseins ganz auf seine Schultern nimmt. Das nämlich ist doch die Botschaft des Elfmeterschießens, wie sie an diesem Abend der Welt zugerufen wird, wenn die Bilder sagen: Seht her, ihr seid es selbst, ihr Individuen! Ihr seid es, die ihr nun mehr *nicht* von einer mythischen Kraft eingeholt werdet, sondern von einer Kraft, die nur die eure ist: die Kraft der Verantwortung.

[56] Ebd., S. 109.

Die widerspruchsvolle Rede vom ›tragischen Helden‹, die die Rhetorik um das Elfmeterschießen hervorbringt, zeugt also abermals von einer Art Ungleichzeitigkeit, die den eigentlichen Sachverhalt einer – wenn man so will – Neoliberalisierung von Individualität nicht nur nicht trifft, sondern vielmehr verstellt. So wird die Praxis eingekleidet in eine Verwendung von Sprache, die nicht weniger ideologisch ist als die Praxis selbst. Dabei bedient sie die alte und noch immer mythische Lust am Tragischen dort, wo sie der Geist eines neuen und immer nur eigenverantwortlichen Individuums, das sich die Siege selbst zu verdienen hat, eigentlich gar nicht mehr zulässt. Indem die Rede vom tragischen Helden das Schauspiel als eine Tragödie verklärt, die es gar nicht ist, trübt sie den Blick auf die Essenz des Fehlschusses. Indem sie aber zugleich auf die Ebene floskelhafter Konvention hinabsinkt, verschleiert sie ebenso sehr einen begrifflichen Zugang zur eigentlichen Botschaft des Spektakels, nämlich dass der Verlierer sich nicht in »das *eine* Lebendige« zu retten vermag, »mit dessen Zeugungslust wir verschmolzen sind«[57]. So führt also das neue Drama des Elfmeterschießens allen, die mitmachen und zuschauen, leibhaftig vor Augen, dass sie – dem (ideologischen) Stand der Geschichte gemäß – nichts Anderes und vor allem nichts

[57] Ebd.

Besseres ›verdienen‹. – Weiterhin gilt dabei: Einer verliert immer.

4
Maradona

1986 befindet sich die Transformation, in welcher der *neoliberal turn* die Fürsorge des Staates auf die Schultern seiner alleingelassenen ›Helden‹ abwälzt, in vollem Gange. Teile der Welt, insbesondere Großbritannien unter Thatcher und die Vereinigten Staaten unter Reagan, stehen nunmehr im Begriff, sich Varianten jener *Constitution of Liberty* zu geben, wie sie der Cheftheoretiker der marktgläubigen Chicago School, Friedrich A. Hayek, zumindest für die Märkte eingefordert hatte, im Glauben, dass die Freiheit, die er meinte, auch den Individuen zuteil würde, die – ob sie wollen oder nicht – an diesen Märkten teilnehmen.[58] Im Fahrwasser dieses Paradigmenwechsels regt sich also zunehmend ein Apparat, der gemäß David Harveys klassischer Analyse der neoliberalen Konstellation unter der politisch-ökonomischen Doktrin arbeitet, »that proposes that human well-being can

---

[58] Berühmt der Eingang zum ersten Kapital über »Liberty and Liberties«: »We are concerned in this book with that condition of men in which coercion of some by others is reduced as much as is possible in society. This state we shall describe throughout as a state of liberty or freedom.« (Friedrich A. Hayek: *The Constitution of Liberty*, Chicago: The University of Chicago Press 1978, S. 11)

best be advanced by liberating individual entrepreneurial freedoms and skills within an institutional framework characterized by strong private property rights, free markets, and free trade.«[59] Die politischen Transformationen, wie sie die Agenten der neoliberalen Ordnung im Geiste dieser Doktrin in Kraft setzen, haben 1986 den Gesellschaften längst neue Konturen gegeben, die heute, da die Effekte umso eklatanter sichtbar werden, selbst einen jahrzehntelang bestehenden demokratischen Minimalkonsens, wie er in westlichen Nachkriegsgesellschaften galt, an die Grenze der Aufkündigung brachten. Ironie an der geschichtlichen Konstellation jedoch ist, dass nicht die Eingriffe in sozialstaatliche Fürsorge, Steuergesetzgebung oder ins öffentliche Gesundheitswesen den ersten Platz im Gedächtnis der Gesellschaften einnehmen. Zu abstrakt erscheinen die Prozesse gerade denen, die sie vor allem betreffen. An die Stelle abstrakter politischer Reformen treten in der kollektiven Erinnerung darum vielmehr solche Ereignisse, die sich nicht nur unmittelbar rekonstruieren lassen, weil sie eine überschaubare ›Story‹ haben, sondern denen vor allem auch ein emotionaler Kern und also eine unmittelbare ›Bedeutung‹ zukommt.

In der Welt des Fußballs liest sich ein solches Ereignis wie folgt: 22. Juni 1986, Mexiko-Stadt. Argenti-

---

[59] David Harvey: *A Brief History of Neoliberalism*, Oxford: Oxford University Press 2005, S. 2.

nien trifft im Viertelfinale der Fußballweltmeisterschaft auf England. Dieses Spiel, Argentinien gewinnt 2:1, ist in jeder Hinsicht außergewöhnlich. Das hat auch damit zu tun, dass es, als magisches Signum seiner Unverwechselbarkeit, metonymisch einen Namen trägt: Maradona. Bis heute nämlich ist es vor allem bekannt für jene beiden Tore dieses ›genialen‹ Argentiniers, zu denen sich Gary Linekers Anschlusstreffer allenfalls wie eine fast schon vergessene Fußnote verhält. Da ist vor allem das 1:0 – ein Tor, das aus buchstäblich handfesten Gründen aus den Grenzen des Fußballs herausfällt. Hier nämlich ›köpft‹ der nur 1,65m große Maradona den Ball mit der Hand so unnachahmlich über die Linie, dass später gar darüber spekuliert wird, ob es sich um eine einstudierte Einlage gehandelt habe. Jahrzehnte vor der Einführung des Videoschiedsrichters, die dem Fußball heute den Anschein von Objektivität und Gerechtigkeit verleihen soll, gilt 1986 das berüchtigte Prinzip der unumstößlichen ›Tatsachenentscheidung‹, und weil also der Schiedsrichter Ali Bin Nasser das Tor nicht annulliert, geht Argentinien in Führung. Schnell ist die Legende des Tores von einer Rhetorik des Göttlichen umgeistert, die ihm noch Jahrzehnte später auf ganz eigentümliche Weise eine magische Form von Legitimität verschafft. Zwar handelt es sich offensichtlich bloß um einen Fall dreister Regelübertretung, doch sind die Unnachahmlichkeit in der Bewegung und vor allem die Art, mit der Maradona selbst unmittelbar nach dem Spiel reuelos von »der Hand Gottes« (*la mano de Dios*) spricht, dergestalt, dass sie das Tor zu einem der buchstäblich unwirklichsten Augenblicke der Fußballgeschichte machen.

Zum Kern der Szene sowie der Frage danach, warum das Tor zu jenen unbestrittenen mythischen Momenten in der Geschichte des Spiels gehört, dringt aber wohl nur vor, wer begreift, was hier eigentlich geschieht. Zunächst nämlich zelebriert der ›Kopfball‹, gefolgt von unverschämtem Jubel, die Regelüberschreitung selbst. Er tut dies beinahe so, als habe es die Regel, die ihn doch eigentlich verbietet, nie gegeben. Dabei wird diese Regel nicht bloß außer Kraft gesetzt, sondern vor den Augen einer staunenden Weltöffentlichkeit gewissermaßen überschrieben und – so als wäre das Tor eine Art souveräner Akt – neu bestimmt. In diesem Sinne liefert dieses 1:0 kein Ereignis eines Fußballspiels, das seinem Charakter nach stets unter eingrenzenden Bedingungen eines unsichtbaren Korsetts von Konventionen und Gesetzen funktioniert, von denen die Akteure umgeben sind, ohne diese selbst gestalten zu können. Nach fußballerischen Regeln, wie sie in diesem Korsett gelten und zu befolgen sind, gilt vielmehr, dass dieses Tor keines ist, wie es das Spiel erlaubt. Es ist ein regelloses, ja fast schon anarchisches Ereignis: eines, das *ist*, obwohl es *nicht sein darf*.

Viele Regelüberschreitungen sind im Fußball möglich, ohne dass sie gleich einen Mythos begründen. Dazu liefern Spiele oft genug Situationen, die im Grunde nicht zu entscheiden sind, weil das Regelwerk selbst noch im

Zeitalter der Videoassistenten über die Schärfe nicht verfügt, die es bräuchte, um jeden Zweifel zu tilgen. Doch der prinzipielle Bruch mit Konvention und Gesetz, wie ihn Maradonas Tor zelebriert, liefert gewiss keinen solchen Fall. Im Gegenteil: Es handelt sich bei der Übertretung der Regel um die dreiste Aufkündigung jener konventionellen Ordnung, die das Regelwerk umfasst. Schließlich bricht das Tor mit der Essenz des Spiels selbst, nämlich mit dem Verbot, den Ball mit der Hand zu spielen. Dabei entstellt Maradona das Wesen des Spiels und liefert auf unwahrscheinliche Weise ein ausgesprochen exzentrisches Beispiel für gerade jenes »Verfahren der ›Verfremdung‹«[60], wie es einmal Viktor Šklovskij vor Augen stand, als er darüber phantasierte, dass es die Eigentümlichkeit der Kunst sei, die Menschen aus einem »Bereich des Unbewußt-Automatischen« herauszusprengen, in den zuletzt ja – auch im Fußballspiel – »alle unsere Angewohnheiten [geraten]«[61]. In diesem Sinne handelt es sich bei dem Tor nicht mehr um eine sportliche, sondern im Grunde um eine artistische Leistung. Darin übertritt Maradona das Verbot und schafft, so wie nach Šklovskij die dichterische Sprache, eine Konstellation nach »eige-

---

[60] Viktor Šklovskij: Die Kunst als Verfahren, in: *Russischer Formalismus. Texte zur allgemeinen Literaturtheorie und zur Theorie der Prosa*, hg. von Jurij Striedter, München: Fink 1988, S. 15.

[61] Ebd., S. 11.

nen Gesetze[n]«, die aus dem Regel- wie auch dem Regulierungsapparat herausspringt, und zwar »um das Empfinden des Lebens wiederherzustellen, um die Dinge zu fühlen, um den Stein steinern zu machen«[62], und also, gewendet ins Feld fußballerischer Semantik, des Balls als Ball gewissermaßen händisch habhaft zu werden.[63]

Von der Welt der Verbote und Tabus ist derweil bekannt, dass sie keineswegs eine nur beiläufige kulturelle Erscheinung bildet, die sich bloß im Regelwerk des Fußballs materialisiert. Vielmehr hatte niemand anders als Freud bereits darauf hingewiesen, dass es sich im Tabu um so etwas wie eine anthropologische Konstante handeln könnte, die nicht bloß »die Wilden« angehe, sondern auch die Welt all jener »Neurotiker«[64], die sich in

---

[62] Ebd., S. 15.

[63] Eine *Philosophie des Fußballs* formuliert das Gesetz des Fußballs wie folgt: »Mit den Füßen kann man den Ball nicht festhalten.« (Gunter Gebauer: *Das Leben in 90 Minuten. Eine Philosophie des Fußballs*, München: Pentium 2016, S. 27) Maradona bricht mit diesem Prinzip in zweifacher Form. Zum einen spielt er den Ball eben nicht »mit den Füßen«, sondern mit der Hand. Zum anderen aber deutet er darin auch die Utopie an, dass sich der Ball – das fortwährend vorenthaltene ›Ding‹, um welches das Spiel kreist – eben doch »festhalten« ließe, um damit ihn selbst, ja womöglich gar alle Beteiligten aus dem unglücklichen Stand eines endlosen Vorenthaltens zu erlösen.

[64] Vgl. Sigmund Freud: *Totem und Tabu. Einige Übereinstimmungen im Seelenleben der Wilden und der Neurotiker*, in: ders.: *Studienausgabe*, hg. von Alexander

seiner Wiener Praxis zu einer Psychoanalyse einfanden. Ein Tabu, so merkt Freud an, »heißt uns einerseits: heilig, geweiht, andererseits: unheimlich, gefährlich, verboten, unrein.«[65] Doch kreist jedes dieser Tabus immer auch um das Verbot eines Begehrten. Denn, so Freud: »Wo ein Verbot vorliegt, muss ein Begehren dahinter sein [...].«[66] Auf die Regeln des Fußballs übertragen, muss also das Anfassen des Balls als die Verwirklichung genau solch einer Phantasie gelten, die zwar das Gesetz verbietet, aber – wenn es sich doch ereignet – eine Form von ›unerhörter Begebenheit‹ darstellt, nach der die Beteiligten, die in ihren »Angewohnheiten« gefangen scheinen, plötzlich aus der Ordnung herausspringen, die ihr ansonsten das »Empfinden des Lebens« wie auch das eigentlich Begehrte, nämlich den Ball selbst, vorenthält.

Im Handspiel Maradonas, das nicht bestraft und nicht geahndet wird, liegt also womöglich noch viel mehr als ein rituell zugestandenes totemistisches »Fest«, das bloß als »ein gestatteter, vielmehr ein gebotener Exzeß, ein feierlicher Durchbruch eines Verbotes«[67] funktioniert. Indem nämlich der vorsätzliche Griff nach dem verbotenen Spielgerät die prohibitive Grenze nicht nur

---

Mitscherlich, Angela Richard, James Strachey, Frankfurt a.M.: Fischer 2000, Bd. 9, S. 287.

[65] Ebd., S. 311.

[66] Ebd., S. 360.

[67] Ebd., S. 425.

neu austariert, sondern das Verbot wie vor allem auch das Gesetz, das dieses Verbot formuliert, gewissermaßen durchstreicht, schafft es im Nu einen Präzedenzfall für die plötzlich aufschimmernde Möglichkeit, dass das Gesetz nicht alle Zeiten gelten muss. Es zerrt also am Fundament des Scheins seiner ewigen Gültigkeit, ja bringt es gar – wenn auch nur für einen Augenblick – zum Einsturz.

Dazu geschieht, was nicht geschehen darf: Der Täter kommt unbestraft davon. Und ganz gleich ob als Handspiel oder »als Verbrechen des Vatermordes«[68], dieses 1:0 legt die Sicht auf jene unerforschten Landschaften frei, die sich jenseits gesetzlicher Ordnungen finden, die auf Verbot, auf Tabu und am Ende wohl vor allem auf dem grundsätzlichen Ausschluss vom Begehrten gegründet wurden. Darum scheint es auch keineswegs bloß anekdotischer Natur, dass *el pibe*, jener kleine Junge, der Maradona ja bis zum Lebensende blieb, während und nach seiner Karriere gerade mit den väterlichen Figuren des Fußballapparats aneinandergerät, allen voran dem Regenten mit »absolute[r] Macht über den Fußball«[69], dem einstigen FIFA-Chef João Havelange. Schließlich verkörpern gerade diese Figuren all jenes, dessen sich die 51. Minute am 22. Juni 1986 buchstäblich in einem

68 Ebd., S. 429.

69 Eduardo Galeano: *Der Ball ist rund*, übers. von Lutz Kliche, Zürich: Unionsverlag 2014, S. 193.

Handstrich entledigt: Väter, Gesetze und nicht zuletzt auch (korrupte) Herrscher.[70]

Wenn es also tatsächlich der Fall ist, dass dieser Augenblick, in dem *la mano de Dios* das Spielgerät für einen Nu bloß streift, was bleibt dann noch übrig von jenem alten Gesetz, das dieser Augenblick aus den Angeln hebt? Liefert das Tor dann nicht zumindest so etwas wie die Phantasie auch von der ›Aufhebung‹ desselben? Und wenn es tatsächlich der Fall ist, dass die Praxis des Tabus immer auch »Beziehungen der primitiven Menschen zu ihren Herrschern«[71] verhandelt, bedeutet dies dann nicht auch, dass der »kreolische Triumph«[72], in dem Maradona die Ordnung des Tabus in einer ›unerhörten Begebenheit‹ für nichtig erklärt, nicht nur die Zertrümmerung der Idee des ›Primitiven‹, sondern vielleicht sogar die Zertrümmerung der Idee der Herrschaft selbst bedeutet, auf der sich jene ja nur gründet? Dies in jedem Fall scheint deutlich: An dem Tor, das keines sein darf, schimmert zumindest die Ahnung hindurch, wie ein von der Konvention befreites »Empfinden des Lebens« aussähe, das sich dem Regime gesetzestreuer »Angewohnheiten« entwunden hat.

---

70 Zur Weltmeisterschaft 1986 als »Triumph des *pibe*« vgl. Glenn Jäger: *Maradona. In den Farben des Südens*, Köln: PapyRossa 2021, S. 108-118.

71 Sigmund Freud: *Totem und Tabu*, a.a.O., S. 339.

72 Glenn Jäger: *Maradona*, a.a.O., S. 114.

Denn dieses Tor spricht zuletzt vom Ende der Gesetze, ja phantasiert vielleicht sogar vom Ende des Fußballs selbst.

Dabei schwankt hier das Gebäude des Gesetzes nicht nur nach abstrakten Maßstäben. Vielmehr ist es auch das, was das Gesetz, zumal in seiner bürgerlichen Ausgestaltung, gesellschaftlich organisiert. So bemerkt Freud über die »privilegierte[n] Personen« der Herrscher, die anzufassen das Tabu verbietet, auch:

> Man traut ihnen außerordentliche Zauberkräfte zu und fürchtet sich deshalb vor der Berührung mit ihren Personen oder ihrem Eigentum, während man anderseits von diesen Berührungen die wohltätigste Wirkung erwartet.[73]

Das Tabu organisiert also, wie die Verbote im Fußball auch, die Unmöglichkeit, Menschen und Dinge anzutasten. Doch kommt bei Freud im Stillen auch ein Element ins Spiel, das die Welt der Verbote in ihren konkreten gesellschaftlichen Effekten lesbar macht. Schließlich geht es im übertragenen Sinne bei Maradonas ›Kopfball‹ nicht bloß darum, die Herrscher und Vaterfiguren anzutasten und ihnen die Gewalt über jenes Gesetz aus der Hand zu schlagen, das sie als Herrscher zuallererst etabliert. Es liegt darin vielmehr auch das Antasten jener Institution,

---

[73] Sigmund Freud: *Totem und Tabu*, a.a.O., S. 339.

welche in der gesellschaftlichen Wirklichkeit bis heute als ›selbstverständlich‹ erscheint: nämlich »Eigentum«.[74]

Dabei führt diese Fährte auch ins Feld dessen, was schon Émile Durkheim andeutete, als er in seiner auch für Freud bedeutsamen Studie über *Die elementaren Formen des religiösen Lebens* die Verbindung zwischen heiligem Totem und proprietären Praktiken der Absonderung aufzeigte und bemerkte, dass der Mensch »manchmal eine Art mystisches Eigentumsrecht über sein Totem zu haben«[75] scheine. Wenn in diesem Sinne also die Fragen nach *Totem und Tabu* zugleich auch Fragen des Eigentums miteinschließen, so heißt dies für Maradonas ›Kopfball‹, dass das Brechen des Gesetzes gerade (und vielleicht vor allem) die Selbstverständlichkeit anrührt, mit der die Welt der Regeln und Gesetze dieses Recht auf

---

[74] Dass die Welt gesetzlicher Verbote und die Frage nach Eigentum in intimem Verhältnis zueinanderstehen, überrascht mit Blick auf die römische Rechtstradition keineswegs. Schließlich ist dort die Vaterwelt als die des *pater familias* bereits in frühen Rechtsformen immer auch mit jener Hausgewalt (*dominium*) verschränkt, zu der auch das Eigentumsrecht – und zwar über Dinge und Menschen (also Frauen, Kinder und Sklaven) – gehört. Vgl. hierzu Ulrich Manthe: *Geschichte des römischen Rechts*, München: C.H. Beck 2000, S. 29 ff.

[75] Émile Durkheim: *Die elementaren Formen des religiösen Lebens*, übers. von Ludwig Schmitz, Berlin: Insel 2007, S. 208. Zu dem Komplex der Beziehung von Eigentum und Heiligen vgl. auch David Graeber und David Wengrow: *Anfänge*, Stuttgart: Klett-Cotta 2022, S. 178-185.

Eigentum als eines präsentiert, das – wie die unantastbaren Väter auf den Thronen der Fußballverbände – ›ewig‹ ist und ›ewig‹ gilt. Schließlich bedeutet der händische Griff nach dem Ball auch den Griff nach dem Eigentum dessen, der zugleich Eigentum definiert. Eine Bemerkung Maradonas gegenüber Emir Kusturica, Regisseur des Maradona-Films *Die Hand Gottes* (2008), entfaltet in diesem Zusammenhang erst ihren eigentlichen Sinn. Auf die Frage nämlich, ob er das Tor je bereut habe, antwortete er: »Warum? Es war so, als hätte ein neapolitanischer Straßenjunge einem reichen Engländer die Geldtasche gestohlen.«[76] Der eigentliche Skandal dieses Tores scheint also nicht bloß in der Überschreitung von Regel und Gesetz zu liegen, sondern auch darin, dass es die viel konkretere Frage nach der Rechtmäßigkeit von Eigentum aufwirft. Schließlich tastet die vorgenommene und reuelos zelebrierte Überschreitung entschieden die Integrität jener Gesetze an, die um die Institutionalisierung dieses Eigentums kreisen und dieses bis in seine Facetten hinein regeln und vor allem beschirmen. Maradonas Tor, so ließe sich sagen, suspendiert also die uneingeschränkte Gültigkeit des Eigentums, legitimiert von dem Gesetz des Tabus und der Unantastbarkeit. Ja, das Tor, wäre es das letzte in der Geschichte des Fußballs, schafft diesen selbst womöglich ab.

---

[76] Zitiert nach Glenn Jäger: *Maradona*, a.a.O., S. 115 f.

Zum Handspiel entstellt blitzt demnach im 1:0 die Utopie einer Aufhebung jener proprietären Strukturen auf, wie sie – im Jahr 1986 – kapitalistischen Gesellschaften als Selbstverständlichkeit zugrunde liegen. Alles, was nach dem Spiel über dieses Tor je gesagt, geschrieben und gestritten wurde, lieferte in diesem Sinne immer auch die symptomatische Verhandlung der Möglichkeit einer Welt, in der die buchstäblich ›eigentümlichen‹ Gesetze wie auch die damit entschieden zusammenhängenden »Grundlagen der menschlichen Strafordnung«[77] für ungültig erklärt werden. Was es den Herrschern, Gesetzestreuen, Fußballfunktionären und Vätern dabei so unbehaglich macht, ist den Hablosen zugleich ihr Fest. Geradezu saturnalisch liefert das Tor ihnen nämlich die gesetzlose Verkehrung der Welt, feiert Karneval und vor allem die revolutionäre Erkenntnis, dass die Gesetze, die ihnen die Dinge vorenthalten und sie zugleich im Stande ihrer Hablosigkeit bannen, keine ewigen sind. ›Gesetz und Eigentum, das man euch vorenthält‹, so ruft ihnen Maradona entgegen, ›ist illegitim, ist eine Lüge!‹

Bekanntlich aber ist dieses 1:0 nicht das letzte Tor des Fußballs geblieben. Denn nur vier Minuten später, in der 55. Spielminute, folgte jenes ›Jahrhunderttor‹, das wohl bis heute als Urszene des perfekten Tores gelten darf. Wieder ist es Maradona: »Aus der eigenen Hälfte

---

[77] Sigmund Freud: *Totem und Tabu*, a.a.O., S. 361.

gestartet, 60 Meter, 37 Schritte, elf Ballkontakte, sechs Gegner, einschließlich Keeper Peter Shilton, bevor er zum 2:0 einschiebt.«[78] Der Kommentar liefert nüchtern die Zusammenfassung dessen, was Maradona immer wieder in den Bereich von Offenbarungsreligionen rücken ließ. Hier jedoch werden nicht mehr die fiktiven und unsichtbaren Gesetze zerlegt, sondern, gleichsam apotheotisch, die Physik selbst scheinbar außer Kraft gesetzt. Dabei beschleicht bis heute alle Menschen, die ein Video von diesem Tor betrachten, das heimliche Gefühl, dass es sich im Grunde um ein bloß mögliches, nie aber wirkliches Ereignis handelt, das sich vor ihren Augen abspielt. Zumal in der Spanisch sprechenden Welt ist der Livekommentar von Víctor Hugo Morales in Erinnerung geblieben, der das Spiel im argentinischen Fernsehen kommentiert und den Offenbarungscharakter dieses Tores einfängt. Derweil im Augenblick des Tores selbst – *Siempre Maradona! Genio! Genio! Genio! Tatatatatatata! Goooooool! Goooooool!* [79]– die Stimme auf unbegriffliches Terrain ausweicht, weil sie für das Ereignis über keine Begriffe verfügt, driftet der Kommentar, kaum kommt Morales wieder zu Atem, nach Momenten sentimentaler religiö-

---

[78] Glenn Jäger: *Maradona. In den Farben des Südens*, a.a.O., S. 116.

[79] »Immer Maradona! Genie! Genie! Genie! Tatatatatatata! Toooooor! Toooooor!«

ser Empfindung – *Quiero llorar! Dios Santo!*[80] – ins Feld magischer Apotheose ab, dessen Lied er geradezu singt: *Barrilete cósmico! ¿De qué planeta viniste para dejar en el camino a tanto inglés, para que el país sea un puño apretado gritando por Argentina?*[81] Das Gebet, zu dem der Kommentar hier längst geworden ist, endet mit der Danksagung an niemand anders als den, wie es scheint, gerade erschienenen Gott: *Gracias Dios, por el fútbol, por Maradona, por estas lágrimas [...]!*[82]

Keine Frage: Wenn Maradona hier nicht als Gott selbst erscheint, so zumindest als sein Stellvertreter. Doch zugleich gilt auch, dass er bei diesem Tor selbst wie etwas Heiliges erscheint, ja wie ein Tabu, das anzutasten nicht erlaubt ist. Vorenthalten nämlich sind den Engländern – *dejar en el camino a tanto inglés* – der Ball und vor allem der Spieler, welcher – wie der kosmische Drachen (*barrilete cósmico*) – einfach nicht zu fassen ist. Dabei jedoch geschieht etwas mit jenem Versprechen, welches das Handtor zum 1:0 zuvor noch gab. Denn auf ganz eigentümliche Weise wird gerade jenes Gesetz wieder restituiert, gegen das Maradona nur vier Minuten zuvor

---

80 »Ich will weinen! Heiliger Gott!«

81 »Kosmischer Drachen! Von welchem Planeten kommst du, dass du alle Engländer auf dem Wege hinter dir zurücklässt, so als würde das Land zu einer geballten Faust, jubelnd für Argentinien?«

82 »Danke Gott! Für den Fußball, für Maradona, für diese Tränen!«

rebellierte. Schließlich fällt das zweite Tor, anders als das unverschämte 1:0, ganz und gar nicht aus der Ordnung des Fußballs heraus, und es sprengt auch nicht deren Gesetze und Regeln. Vielmehr *ist* es die Verwirklichung der Idee all dessen, was Fußball bedeutet und wofür sein Regelwerk einsteht. Denn hier wird das Gesetz der Unantastbarkeit, welches nur wenige Augenblicke zuvor noch so brüchig schien, in seiner Totalität und ohne jede Einschränkung euphorisch in Stand gesetzt und gefeiert. Dies ist noch viel mehr der Fall, als Maradona – eben noch skandalös die heiligen Regeln schändend – nun die Gesetze um so kraftvoller, eleganter, ja ›schöner‹ zelebriert und sich mit ihnen, wie es scheint, als Heiliger versöhnt. Denn auch das ist der ›Mythos Maradona‹: dass er wie Athene, die jene Menschen, die sie gerade noch in ›Freiheit‹ entließ, am Ende doch wieder an ein Mythisches, ein Heiliges bannt. Fast nämlich scheint es, als ob der »neapolitanische Straßenjunge« nun eben doch für sein Vergehen Reue zeigt und am Ende gerade jene Regeln und Gesetze von Tabu, Eigentum und Vorenthaltung selbst zu einem Heiligen und Unantastbaren erklärt, indem er sagt: ›Seht her, am Ende ist dieser Fußball, dieses Kreisen und Kreiseln um Verbote, doch viel ›schöner‹ als die Möglichkeit, seinen Gesetzen, seinen Tabus und vor allem seinen Vätern zu entrinnen, die die Gesetze schrieben, pflegten und von ihnen lebten.‹

Jedenfalls findet alles an dieser Feier des Fußballs wieder in ›legalem‹ Rahmen statt, und womöglich kündigt sich darin auch – *Quiero llorar!* – jene Spur von tränenreicher Melancholie an, die das Tor ja bis heute im Geheimen ausstrahlt. Entfacht ist zwar das Feuer eines Fests von Fußball, doch zugleich liefert es die im Grunde traurige Erkenntnis, dass dieses Fest immer auch eines der Regeln, der Konventionen und Gesetze, ja vielleicht sogar auch der Gewalt und Herrschaft ist, die das Spiel – darin in Stellvertretung für das wirkliche Leben – hervorbringt und vor allem lebendig als Praxis reproduziert. Indem er über den Rasen schwebt, zertrampelt Maradona – gewiss auf unnachahmliche Weise – die verletzliche Utopie, die er noch eben verwirklichte.

So zelebriert das Tor am Ende eine Form von dialektischem Umschlag dieser Utopie gegen sich selbst. Zurückgenommen scheint der Aufstand gegen das eigentlich Falsche, das Gesetz, die Gewalt, die Herrschaft, und vor allem die Rebellion gegen deren Anerkennung. Dass das Spiel darin eine religiöse Wendung nimmt und die ›Leistung‹ Maradonas die Rückverwandlung jener Befreiung von den Gesetzen bewirkt, die das Handtor noch zuvor zelebrierte, liegt wohl auch daran, dass das Tor den Charakter des Wunders annimmt. Wenn schon Ludwig Feuerbach anmerkte, dass die »*Macht des Wunders* [...] nichts andres als die *Macht der Einbildungskraft*«[83] sei,

[83] Ludwig Feuerbach: *Das Wesen des Christentums*, Stuttgart: Reclam 1988, S. 209.

so meinte er damit, dass »eine *sinnliche* Begebenheit vorgestellt wird«, die mit der Erkenntnis der »Vernunft« vor allem eines macht: dass sie sie »täuscht«.[84] Die Rebellion gegen die Regeln, die daraus schöpft, dass in ihnen die Gesetze als nicht mehr ewige (und also geschichtliche) erscheinen, fällt in diesem Sinne in ihr Gegenteil zurück. Spielerisch macht das Wunder dieses Tores »das *Undenkbare denkbar*«[85] und verschleiert darin zugleich den eigentlichen Charakter der Gesetze des Spiels, die sich doch immer auch gegen die Hablosen richten, weil sie ihnen zuletzt ja jenes Eigentum vorenthalten, das sie zugleich definieren. Das eben macht den buchstäblich phantastischen Charakter dieses Tores aus, dass es die Menschen wieder in den Bann zurückruft, von dem *el pibe* sie nur vier Minuten zuvor noch zu erlösen versprach.

So erfährt der ›Mythos Maradona‹ in diesem einen Spiel womöglich tatsächlich eine tragische Wendung. Denn der Konflikt jener Gesetze, die zwischen Habenden und Hablosen scheiden, wird nicht aufgehoben, sondern verewigt und zugleich, so ließe sich sagen, in der Form eines Wunders verschleiert. Aufgehoben also wird vielmehr bloß die Aufhebung selbst, wird doch das Drama zuletzt jener Aussicht auf bleibende Erkenntnis beraubt, die im Regelbruch des Handspiels zuvor noch aufflackerte. Zu

---

84 Ebd., S. 210 f.
85 Ebd., S. 210.

der Verschleierung und Täuschung gehört auch, dass das Tor nicht nur die Regeln des Fußballs auf ›schöne‹ Weise zelebriert. Vielmehr steht es ganz im Lichte der ›Leistung‹ eines Individuums, das im Rückfall in den Gesetzesrahmen am Ende zugleich nichts anderes tut, als in der grandiosen Anerkennung eben dieses Rahmens vor allem die Wünsche der (hablosen) Individuen auszulöschen, die sich nach einer Welt jener Teilhabe sehnen, die ihnen die Gesetze vorenthalten, wenn sie behaupten: ›Nicht anrühren, was den Vätern gehört!‹

Zuletzt bleibt der tragische Charakter dieses Tores auch darum verborgen, weil die »Vernichtung des Individuums«, von der Nietzsche noch phantasierte, zumindest in zweifacher Hinsicht eine weiterhin unterbrochene bleibt. Erstens nämlich wird sie paradoxerweise ›geleistet‹ von einem – sei es auch göttlichen – Individuum, von Maradona; und zweitens liegt hier nicht tatsächlich eine Vernichtung des *principio individuationis* vor, sondern bloß die Vernichtung der *Ansprüche* jener Individuen, die sich doch zurecht auch nach unmittelbarer proprietärer Teilhabe sehnen, die ihnen die Gesetze des Spiels buchstäblich vorenthalten. Diese Individuen bleiben – und zwar im Zweifel als arbeitende Klasse – unerlöst von dem Versprechen, in »das ewige Leben jenseits aller Erscheinung« Einlass zu finden, weil solche Ewigkeit allein den Gesetzen, nicht aber dem Leben selbst zusteht, das sich in seinen Grenzen zuträgt. Vielleicht also ist Maradona »Rebel«, »Hero«, »Hustler« oder »God«, wie ihn vor wenigen Jahren ein Dokumentarfilm präsentieren wollte.[86] Jedoch ist er dies entschieden in unvollkommen tragischer Gestalt. Der Fußball nämlich, mit dem er zu brechen sich anschickt, triumphiert zuletzt wie jenes Mythische, von dem Athene in Aischylos' *Oresteia* verspricht, die Menschen zu befreien – nur um sie noch stärker daran zu binden. Also tragen am Ende doch wieder nur jene den Sieg davon, denen – es ist das Jahr 1986 – eben auch Thatcher und Reagan, Zeitgenossen Maradonas, zuarbeiten: die Väter, die Herren, die Eigentümer. – Es bleibt dabei: Einer verliert immer.

---

86 So der Untertitel zu Asif Kapadias Film *Diego Maradona. Rebel. Hero. Hustler. God.* (2019), der vor allem die Zeit Maradonas in Neapel nachgezeichnet hat.

5
Das schöne Spiel

Jede Urszene drängt auf Wiederholung. Das gilt auch im Fußball. Als Lionel Messi am 18. April 2007 im spanischen Pokalhalbfinale für den FC Barcelona ein Tor gegen den FC Getafe erzielt, nimmt es den Anschein, als handele es sich um die Neuauflage jenes zweiten Tores, das Maradona im Viertelfinale gegen die Engländer gelang. Wie Maradona nämlich beginnt Messi noch hinter der Mittellinie ein Dribbling aus halbrechter Position, zieht an allen heranstürmenden Abwehrspielern des Gegners vorbei und umkurvt zum Schluss seines Solos gar, wie Maradona 1986, den Torwart mit einer Bewegung nach rechts, bevor er – die letzte Parallele – den Ball zum zwischenzeitlichen 2:0 über die Torlinie schiebt. Die Übereinstimmungen zwischen beiden Toren sind so schlagend, dass sie jene, die Maradonas Tor kennen, unmittelbar an den Schock der Wiedererkennung bannen. So nämlich als habe Messi, als die Chance sich bot, Maradona noch bis auf die letzte Schleife um den Torwart herum nachahmen wollen, wirkt dieses Tor wie die kunstvolle Reinszenierung eines Ereignisses, in welchem eine Art von Wahrheit aufschimmert, an der beide Tore zugleich teilhaben. Zumal beim Betrachten des Tores im Fernsehen befällt die Zuschauer, die 1986 Zeugen der fußballerischen Urszene wurden[87], eine Spielart jener *memoire involontaire*, mit der schon Marcel Proust so kunstvoll hantierte, als er in *Auf der Suche nach der verlorenen Zeit* am Geschmack einer in Tee getauchten Madeleine plötzlich jener »Wahrheit«[88] gewahr wurde, die in der Korrespondenz zwischen der akuten Erfahrung und einer nur dem Schein nach längst vergessenen Madeleine bei Tante Léonie in Combray liegt: »Und mit einem Mal war die Erinnerung da.«[89]

Dabei ist die Angelegenheit des plötzlichen Schocks im Angesicht unerwarteter Wiedererinnerung an Erfahrungen vergangener Tage eine, die nicht bloß das Gedächtnis des Fußballs angeht. Vielmehr rührt das Thema die ältesten Schichten europäischen Denkens an. So nimmt das Element der blitzhaften Erinnerung an vergangene Bilder bekanntlich bereits in Platons *Phaidros* einen prominenten Platz ein, also in jenem Dialog, in wel-

---

[87] Zu der Eigentümlichkeit dieser zweiten Inszenierung gehört auch, dass insbesondere als Fernsehereignis dieses Tor wie die Nachstellung von Maradonas 2:0 wirkt, ist doch selbst noch die Kamera auf der gleichen Seite des Spielfelds platziert, sodass das Tor als der krönende Abschluss einer Bewegung von rechts nach links erscheint.

[88] Marcel Proust: *Unterwegs zu Swann*, in: ders.: *Auf der Suche nach der verlorenen Zeit*, übers. von Eva Rechel-Mertens, rev. und hg. von Luzius Keller, Bd. 1, Frankfurt a.M.: Suhrkamp 1994, S. 68.

[89] Marcel Proust: *Unterwegs zu Swann*, a.a.O., S. 70.

chem Platon nicht nur das Wesen von Sprache, Rhetorik und Schrift verhandelt, sondern vor allem den Wahnsinn (*mania*) der Liebenden begrifflich zu fassen versucht. Dabei ist ihr Lieben gebunden an den Komplex einer Wiedererinnerung (*anamnesis*), in welcher die Liebenden im Bild dessen, was sie lieben, nicht darum in »Begeisterung« verfallen, weil ihr Begehren bloß am akuten Bild haftet, sondern weil dieses Bild bloß die Stellvertretung jenes göttlichen Originals bildet, welches – verbunden daran ist ja die Idee ihrer Unsterblichkeit – die ältesten Schichten der Seelen anruft. Denn, so Platon, »dieses ist Erinnerung [*anamnesis*] an jenes, was einst unsere Seele gesehen, Gott nachwandelnd und das übersehend, was wir jetzt für das Wirkliche halten [...].«[90] In der Konstellation plötzlichen Wiedererinnerns kommt es – die ungläubige Ekstase jener Fußballanamnetiker vorwegnehmend, die in Messis Tor die Wiederholung Maradonas ›erkennen‹ – am Ende gar zu einer »Art des Wahnsinns, an welchem derjenige, der bei dem Anblick der hiesigen Schönheit [*kallos*] jener wahren sich erinnernd, neubefiedert wird [...].«[91]

Was Sokrates' berühmte zweite Rede im *Phaidros* liefert, ist wohl die früheste Apologie eines Wahnsinns,

90 Platon: *Phaidros*, übers. von Friedrich Schleiermacher, in: ders.: *Werke in acht Bänden*, hg. von Gunther Eigler, Darmstadt: Wissenschaftliche Buchgesellschaft 1983, Bd. 5, S. 85.
91 Ebd.

die nicht nur diesen von dem Verdacht befreit, eine Verkennung von Wahrheit und Wirklichkeit zu sein, sondern vielmehr »das Wirkliche« selbst zur Anklage bringt, weil es im Grunde bloß Schein und Täuschung ist. Solche Apologie des Wahnsinns hängt also mit der Annahme zusammen, dass der Wirklichkeit selbst nicht recht zu trauen ist. So schimmert durch eine ›falsche‹ Wirklichkeit stets eine viel eigentlichere Ebene hindurch, die jene bloß verdeckt. Diese Verdeckung macht die Wirklichkeit zu einer unzuverlässigen, denn es verbirgt sich, so die Annahme, hinter ihr eine viel wirklichere Wirklichkeit, gegen deren Aufdeckung die erste sich sperrt. Darum ist es allein der Schock der plötzlichen Wiederholung, der diese Verdeckung aufzubrechen in der Lage ist und, so sein Effekt, unmittelbar eine Form von Ekstase freisetzt. Mit Blick nun auf das Tor Lionel Messis läge solche Ekstase darin, dass all jenen Zuschauern, die die Bilder von 1986 noch mit sich tragen, unmittelbar jene mythische Urszene vor Augen tritt, die zumal im Internetzeitalter, das im Jahr 2007 längst begonnen hat, beinahe wie eine vorgeschichtliche wirkt. *Nicht* an Maradona zu denken, ist den Zuschauern jedenfalls ebenso unmöglich wie es schon Platons Liebenden unmöglich war, nicht dem »Wahnsinn« zu verfallen. Beiden nämlich, Fußballfans und Liebenden drängt sich das Original unmittelbar auf und tut sich dabei als das ›Eigentliche‹ kund, d.h. als die ›wahre‹ und ›richtige‹ Essenz einer bloß ›falschen‹ Gegenwart des Wirklichen.

Im Kern von Platons Idee der *anamnesis*, welche hinter der ›falschen‹ Wirklichkeit eine ›wahre‹ wittert, schlummert also ein gründliches Misstrauen an der ersten. Dieses Misstrauen legitimiert sich jedoch nicht aus sich selbst, sondern nimmt Anleihe an dem im Kern erotischen Komplex des Schönen. Schließlich befällt die Idee, dass unter der Oberfläche der Wirklichkeit noch eine viel eigentlichere, weil vorgeschichtliche Wahrheit sich verberge, gerade jenen, welcher »die Schönen liebt«[92]. Im Grunde stellt diese Schönheit also keine Eigenschaft, sondern ein Argument dar und ist also nicht bloß Gegenstand einer Erfahrung. Wer nämlich wollte schon mit der »Schönheit« diskutieren? Und wer ihre Autorität bezweifeln? Schließlich tritt sie nicht bloß als »das Hervorleuchtendste [...] und das Liebreizendste«[93] auf den Plan, sondern war auch, so Platons Kernidee im Entwurf der *anamnesis*, in ihrem vorgeschichtlichen Stand »damals glänzend zu schauen«[94]. Für ihren Argumentcharakter bürgt in diesem Sinne auch die – im *Phaidros* und seiner Sprachkritik unbedingt bedeutend – nicht bloß rhetorische, sondern konkret affektive Kraft einer »Sehnsucht nach dem Damaligen«, die ja erst dann eine mögliche zu sein vermag, wenn ihr Objekt eben damals auch ein wirkliches war.

---

92 Ebd., S. 87.
93 Ebd., S. 89.
94 Ebd., S. 87.

Die platonische Geste, nach der sich mit allem, was schön ist, nicht diskutieren lässt, kennt bis in die heutigen Tage ihre Anhänger. Dies betrifft nicht nur die Welt der Theoriebildung, sondern ebenso die kulturellen Schauplätze des Alltags, von denen der Fußball ja nur einer ist. Die Funktion, die das Schöne im Sinne der vermeintlichen Entlarvung falscher Wirklichkeit spielt, gemahnt dabei auch an das Bekenntnis des vielleicht pointiertesten, in jedem Fall aber berühmtesten Kompositeurs von Fußballprosa, nämlich Eduardo Galeano. In *El fútbol a sol y sombra* – im Deutschen eher hilflos übersetzt mit *Der Ball ist rund* [95]– merkt dieser nämlich an: »Die Jahre sind vergangen, und ich habe gelernt, mich so zu akzeptieren, wie ich bin: Ich bin nicht mehr als ein Bettler um guten Fußball. So gehe ich durch die Welt, den Hut in der Hand, und in den Stadien bitte ich: ›Nur einen schönen Spielzug, Gott vergelts.‹«[96] Wörtlich genommen also hängt die Welt des Fußballs ganz elementar mit der verborgenen Sehnsucht nach dem Schönen zusammen, muss es doch gerade jenem »Spielzug« eigen sein, auf den die Hoffnung des Fußballfans sich in Erwartung richtet. Im Lichte platonischer *anamnesis*, mit der das Schöne ja intim liiert ist, zielt diese Hoffnung aber immer auch auf

---

95 Die wörtliche Übersetzung »Der Fußball in Sonne und Schatten« legt nicht zuletzt – das Höhlengleichnis aus der *Politeia* vor Augen – eine stille Verbindung zu Platon offen.

96 Eduardo Galeano: *Der Ball ist rund*, a.a.O., S. 7.

ein irgendwie Damaliges, auf das Urbild eines Schönen, das seiner Wiederholung harrt. Auch wenn Galeano es nicht schreibt, so klingt durch das platonische Prisma gelesen im Hintergrund seines Bekenntnisses zumindest das Echo von flehender Anrufung, die sich läse als ein »Nur *noch* einen schönen Spielzug, Gott vergelts.« Schließlich scheint es auch um eine Art von Sehnsucht nach der Lust eines ›noch einmal‹ zu gehen, vielleicht sogar um eine Sehnsucht, in deren Kern ein Wiederholungszwang sein Werk verrichtet. Wir alle, so der Mechanismus dieser Sehnsucht, tragen in uns die Urbilder von einem »schönen Spielzug«, also Urbilder, die uns vielleicht gänzlich unverfügbar scheinen, aber, wie Freud einmal über das Verhältnis von Traum und Wirklichkeit bemerkte, gleichsam einen »Anspruch auf Wirklichkeit in der Erinnerung erheb[en]«[97].

»Bettler um guten Fußball« zu sein, wie Galeano von sich behauptet, hätte also womöglich einen latent neurotischen Charakter, indem es im Stand infantiler Hablosigkeit an dem Spiel ein Versprechen auf – so Freud in der Wolfsmann-Studie – »befriedigende Antworten« identifizierte. In diesem kündigt sich im sehnsuchtsvollen Phantasieren über schöne Spielzüge eine Form von »Kur«[98] als Heilung von einem Leiden an, das zwar gefühlt, aber

---

[97] Sigmund Freud: *Die Geschichte einer infantilen Neurose*, in: ders.: *Studienausgabe*, Bd. 8, a.a.O., S. 153.
[98] Ebd., S. 156.

begrifflich zu fassen unmöglich scheint. Bei Freud bietet bekanntlich die Arbeit der Psychoanalyse das Versprechen an, nach welchem der Neurotiker in der Lage ist, der Verstrickung in die illusionäre »Glückshaube«[99] ›falscher‹ Wirklichkeit zu entrinnen. Ähnlich wie in Platons Freilegung der wirklicheren Wirklichkeit lüftet sie einen »Schleier, der ihn vor der Welt und ihm die Welt verhüllte«[100]. In den Meditationen der Fußballästheten, von denen Galeano der prominenteste ist, übernimmt diese Funktion des Heil(ung)sversprechens das Warten auf das Schöne des Spielzugs, ja vielleicht auf das Schöne des Spiels selbst. Wird dieses Warten belohnt, öffnet sich nämlich die Tür zu einem Eigentlichen und Wahren sowie vielleicht zu einem verborgenen oder vergessenen Verlangen, das – so bei Platon wie auch bei Messis Tor – nun endlich sein Recht bekommt: das Verlangen nach Wiedererkennung und Wiedererlangung eines irgendwie vorgeschichtlichen und vor allem eines irgendwie besseren, ›richtigeren‹ Zustands der Welt.

Die Neigung, nach der das Fußballspiel symbolisch als Schauplatz des Schönen aufzufassen ist, mag vielleicht auch erklären, warum Fußball immer wieder von der ästhetischen Seite her Interesse auf sich gezogen hat. Diese Neigung bildet gewiss so etwas wie das säkulari-

---

99 Ebd., S. 212.
100 Ebd.

sierte Echo eines – bei Platon scheint dies noch eklatant – erotischen Problems. In der ästhetischen Variante allerdings, die mit dem Versprechen des Spiels zu tun hat, bildet sich noch ein anderes Element aus, das in dem alten, dem ›bloß‹ erotischen Zugriff auf Wahrheit, keine Rolle spielt. Es liegt nämlich darin ein, wenn nicht unmittelbares, so doch zumindest latentes soziales oder gar politisches Versprechen auf Emanzipation.[101] Vielleicht zeichnet sich diese Tendenz schon in der von Kant vorge-

---

[101] Ein prominentes Beispiel für die Tradition der Ästhetisierung von Fußball ist die Figur Cesar Luis Menottis, Trainer der argentinischen Weltmeistermannschaft von 1978. In seiner Auffassung vom Spiel findet sich eine Schnittstelle zwischen dem Ästhetischen und dem Politischen, die unbedingt auch im Kontext des schwierigen politischen Umfelds der 1970er und 1980er Jahre in Lateinamerika und im Spezifischen als Beitrag gegen die Militärdiktatur in Argentinien (1976-1983) zu verstehen ist. So war Menotti Fürsprecher eines ›linken‹ Fußballs, der sich immer auch an ästhetischen Gesichtspunkten zu messen habe und eben nicht einem ›rechten‹, gewaltsam auf Effizienz und Erfolg gerichteten Stil verfallen dürfe. Seine politische Ästhetik des Fußballs hat er einmal auf eine Formel gebracht, die sich wie die Maxime guter Jazzmusik liest: »Schnelligkeit plus Präzision – und dazu Improvisation«. (Vgl. Harald Irnberger: *Cesar Luis Menotti. Ball und Gegner laufen lassen*, Wien: Werner Eichbauer 2000, S. 40) Zur »unbeschreiblich romantische[n] Persönlichkeit« von Cesar Luis Menotti vgl. auch Jonathan Wilson: *Revolutionen auf dem Rasen. Eine Geschichte der Fußballtaktik*, übers. von Markus Montz, 4. überarb. und erw. Ausgabe, Göttingen: Verlag Die Werkstatt 2011, S. 355-360, hier S. 355.

tragenen Formel von einem interesselosen Wohlgefallen am Schönen[102] ab, das ja dem Subjekt im Geschmacksurteil ermöglicht, sich eine Existenz unter der Bedingung von Zweckfreiheit zumindest vorzustellen. Schließlich gilt, dass es sich als Betrachter »völlig *frei* fühlt«[103]. In diesem Sinne erscheint es nur umso plausibler, warum in einem Land wie Brasilien, lange Zeit im Schatten von autoritären Strukturen einer Militärjunta, beharrlich die Rede vom einem *jogo bonito* zirkuliert, mit der ja nichts anderes angezeigt wird als das Fußballspiel, ja vielleicht sogar dessen *Idee* selbst.[104] Hier nämlich hängt am Schönen im Namen des Spiels stets so etwas wie die Latenz gesellschaftlicher Befreiung, die den Menschen immerhin die buchstäblich phantastische Möglichkeit vor Augen hält, in der Tat jenen falschen politischen Interessen und Wirklichkeiten zu entrinnen, denen gegenüber sie unter

---

102 Bekannt ist Kants Formel aus der *Kritik der Urteilskraft*: »Das Wohlgefallen, welches das Geschmacksurteil bestimmt, ist ohne alles Interesse«. (Immanuel Kant: *Kritik der Urteilskraft*, in: ders.: *Werke in zehn Bänden*, hg. von Wilhelm Weischedel, Bd. 8, Darmstadt: Wissenschaftliche Buchgesellschaft 1983, S. 280)

103 Ebd., S. 288.

104 Niemand anders als Pelé hat seine frühe Autobiografie schon im Titel ins Licht von eben diesem *jogo bonito* gestellt. Vgl. Pelé: *Mein Leben und das schönste Spiel*, Frankfurt a.M.: Ullstein 1977.

den konkreten Bedingungen einer Gewaltherrschaft immer bloß als »Bettler« aufzutreten gezwungen sind.[105]

Doch besitzt auch die Vorstellung, dass das Schöne des Fußballs einen latent emanzipierenden Charakter zumal im Angesicht der Hablosigkeit hat, in der sich jene »Bettler« befinden, die zu den Spielen pilgern und im Schönen nach Versöhnung suchen, einen im Grunde widersprüchlichen Charakter. Schließlich greift ihre ästhetische Haltung tief in die Werkzeugkiste einer bürgerlichen Ästhetik, welche, so ließe sich behaupten, ihren spezifisch gesellschaftlichen Standpunkt darin hat, dass man ›es sich leisten können muss‹, den Dingen überhaupt interesselos entgegenzutreten. Sie erinnert dabei auf eigentümliche Weise an jene von Pierre Bourdieu beschriebene »scholastische Situation«, in welcher »die gewöhnlich geltende Alternative zwischen Spiel (*paizein*) und Ernst (*spoudazein*) außer Kraft gesetzt ist und man ›ernsthaft spielen‹ (*spoudaios paizein*) kann«[106]. Schließlich arbeitet

---

[105] Roberto DaMatta, als Anthropologe am Fußball interessiert, bringt dieses intime Band zwischen Gesellschaft und Fußball auf den Punkt, wenn er, noch über die Zeit der Militärdiktatur hinausgehend, bemerkt: »[F]ootball in some sense fights *against* Brazilian society and its ›real interests‹«. (Roberto DaMatta: Sport in Society. An Essay on Brazilian Football, in: *Vibrant – Virtual Brazilian Anthropology* 6/2 (2009), S. 100)

[106] Pierre Bourdieu: *Meditationen. Zur Kritik der scholastischen Vernunft*, übers. von Achim Russer, Frankfurt a.M.: Suhrkamp 2001, S. 23.

in der Ästhetisierung des Spiels der Geist dessen, was an anderer Stelle als »ästhetische Distanzierung«[107] bezeichnet ist, durch die es den Charakter einer distinkt bürgerlichen Klassenhaltung annimmt. Damit wird Fußball kolonisiert von der klassenspezifischen Praxis ästhetischer Aneignung. Diese wird kaschiert von einer Sprache der Zweckfreiheit, der gegenüber die handfesten Interessen der wirklichen »Bettler«, denen das Gerede von abstrakter Interesselosigkeit im Stand konkreter Hablosig-

---

[107] Pierre Bourdieu: *Die feinen Unterschiede. Kritik der gesellschaftlichen Urteilskraft*, übers. von Bernd Schwibs und Achim Russer, Frankfurt a.M.: Suhrkamp 1987, S. 68. Bourdieu merkt in diesem Zusammenhang an: »Nichts unterscheidet die Klassen mithin strenger voneinander als die zur legitimen Konsumtion legitimer Werke objektiv geforderte Einstellung, die Fähigkeit also, gegenüber bereits ästhetisch konstituierten Objekten – für die Bewunderung derer bestimmt, die die Insignien des Bewunderungswürdigen zu erkennen wissen – eine rein ästhetische Betrachtungsweise einzunehmen, und, noch seltener vertreten, das Vermögen, beliebige oder gar ›vulgäre‹ [...] Gegenstände zu ästhetischen zu stilisieren oder auch in den allergewöhnlichsten Fragen des Alltagslebens (Kleidung, Küche, Wohnungseinrichtung) Prinzipien einer ›reinen‹ Ästhetik walten zu lassen.« (Ebd., S. 80) Solche Besetzung des Alltäglichen ist latent eben auch in den Angelegenheiten des Fußballs zu beobachten und macht diesen gemeinhin, sofern er nur unter der Kategorie des Schönen begriffen wird, zu einem Objekt des Klasseninteresses, wonach mit der Idee des schönen Spielzugs die subalternen Formen des Spiels – *kick and rush*, ›schmutziges‹ Kampfspiel, Rumpelfußball etc. – verworfen werden, weil sie ›nicht schön anzusehen‹ oder ›aus der Zeit gefallen‹ sind.

keit zynisch erscheinen muss, entwertet und für ungültig erklärt werden. Ganz in der Tradition einer Ideologie des Ästhetischen[108] weiß das verklärende Hängen am Schönen diesen Hablosen nichts anderes anzubieten als ein fadenscheiniges Versprechen auf Versöhnung, noch lange nicht aber auf ein angemessenes Leben in Würde. Ja, vielleicht mehr noch: Eine Behauptung wie jene, dass im Kontext des Fußballs entgegen anderen Feldern kultureller Selektion und Distinktion (Literatur, Musik, Kunst etc.) »eine verwirklichte Utopie« möglich sei, in der es »ein ästhetisches Erleben gäbe, das von einer wahrhaft riesigen Zahl von Menschen geteilt würde«[109], droht stets in eine Form von bürgerlicher Appropriation dieses Felds des Sportlichen umzuschlagen. Dessen »Lob« (Gumbrecht) kann nämlich selbst nur von der Art sein, dass man es sich zum einen – aus abständiger Haltung dem Stand der Hablosigkeit gegenüber – ›leisten kann‹ und zum anderen überhaupt erst über eine ästhetische Sprache verfügt, in dem das »Schöne« ein Programm bildet und also mehr ist als ein bloß zufälliger und ersetzbarer Ausdruck von Wohlbefinden.

Ein klassischer Fall für die Herausbildung dieser Interesse- und Zwecklosigkeit als Programm, zu dem

---

[108] Vgl. Terry Eagleton: *The Ideology of the Aesthetic*, Oxford/Cambridge: Blackwell 1991.

[109] Hans Ulrich Gumbrecht: *Lob des Sports*, übers. von Georg Deggerich, Frankfurt a.M.: Suhrkamp 2016, S. 27.

die Rede vom ›schönen Spielzug‹ ein spätes Echo bildet, findet sich in Schillers *Briefen über die ästhetische Erziehung des Menschen.* Hier wird die Angelegenheit politischer Emanzipation aus der Sache des Ästhetischen entwickelt, indem sie, so das Bekenntnis, die »Sache der Schönheit vor einem Herzen führen [wird], das ihre ganze Macht empfindet und ausübt«[110]. Gerade mit Blick auf jene eigentümliche Faszination, die heute, wo deutlich wird, dass Fußball – entgegen landläufiger Vorstellungen – gar nicht so sehr ein proletarisches Vergnügen ist, einen spezifisch bürgerlichen Blick auf das Spiel als Sache des Schönen entwickelt hat, muss jene Formulierung aus dem fünfzehnten der *Briefe* Schillers als Leitformel gelten, wonach »der Mensch [...] nur [spielt], wo er in voller Bedeutung des Wortes Mensch ist, und er [...] nur da ganz Mensch [ist], wo er spielt.«[111] Und, so Schiller: »Man wird niemals irren, wenn man das Schönheitsideal eines Menschen auf dem nämlichen Wege sucht, auf dem er seinen Spieltrieb befriedigt.«[112] Die von Schiller propagierte Abkehr vom Ernst und die Zuwendung zu solchem Spieltrieb hat auf der rhetorischen Seite einen

---

[110] Friedrich Schiller: *Über die ästhetische Erziehung des Menschen in einer Reihe von Briefen*, in: ders.: *Sämtliche Werke in 5 Bänden*, hg. von Peter-André Alt, Albert Meier und Wolfgang Riedel, München: Hanser 2004, Bd. 5, S. 570.
[111] Ebd., S. 618.
[112] Ebd., S. 617.

irgendwie emanzipatorischen Charakter darin, dass hier der Zwang, die Notwendigkeiten und vielleicht auch die Ungerechtigkeiten des konkreten Lebens aufgehoben scheinen. Aber möglich wird dies nur unter der Bedingung, dass man einen gesellschaftlichen Ort besetzt, von dem aus »der Schein die Wirklichkeit und die Kunst die Natur überwindet«[113]. Fußball als Spiel aus dieser Perspektive zu betrachten, ist bloß einer ausgewählten Gruppe möglich, die zu Schillers Zeiten im Begriff ist sich zu emanzipieren: der bürgerlichen Klasse. Von deren Klassenposition ist, wenn sie auch im Namen einer ganzen Menschheit vorgetragen wird, auch Schillers vielgestaltige Rede von der Freiheit betroffen. Diese lasse sich ja im Schein des Spiels erkennen, bleibe dabei aber eine eigentümlich unwirkliche und sei also nicht in der Lage, jene, wie Marx es ein halbes Jahrhundert später als Kritik am bürgerlichen Staatsmodell formulierte, »Grenze der politischen Emanzipation« aufzuheben. Schließlich gelte, dass sich »der *Staat«,* so Marx, »von einer Schranke befreien kann, ohne daß der Mensch *wirklich* von ihr frei wäre, daß der Staat ein *Freistaat* sein kann, ohne dass der Mensch *ein freier Mensch* wäre.«[114]

Überhaupt: »verliert«, wie Schiller bemerkt, »alles Wirkliche seinen Ernst, weil es *klein* wird, und [...] legt

---

[113] Ebd., S. 596.
[114] Karl Marx: *Zur Judenfrage*, in: *Marx-Engels-Werke*, a.a.O., Bd. 1, S. 353.

das Notwendige den seinigen ab, weil es *leicht* wird«, so ist dies nur der Fall, weil es aus einer Position heraus geschieht, die sich insofern hat emanzipieren können, als es ihr erlaubt ist, zumindest für einen Moment auf die Wirklichkeit zu verzichten. Als ›entwirklichte‹ ist diese Position nach historischem Maßstab eine distinkt bürgerliche, welche die hablosen »Bettler« zwar im Spektakel, das den Fußball umgibt, imitieren oder verklären können, aber eben nur unter der Bedingung, dass sie selbst draußen bleiben, nicht mitmachen dürfen und vom Spiel buchstäblich ausgeschlossen werden. Naheliegendstes Beispiel für die Mechanismen solcher Deprivation sind heute wohl die Eintrittspreise für Spiele der großen – und manchmal selbst kleinen – Ligen im bezahlten Fußball. Tickets von weit über hundert Pfund in der englischen Premier League sind nur der späteste Ausdruck einer Entproletarisierung von Fußball, der, wenn er denn überhaupt je proletarisch war, zunehmend einer bürgerlichen Ästhetik – und seiner Eintrittspreise – unterworfen wurde. Selbst die Verklärung des Fußballs als proletarisches Ausdrucksmittel, wie sie heute vor allem von vielen Ultra-Gruppierungen zelebriert wird, wird noch von einer Ästhetisierungswelle erfasst und, zumal von dezidiert bürgerlicher Seite, vom faszinierten Blick der Haupttribüne auf die Kurve und ihre Choreografien vereinnahmt und fetischisiert.[115]

---

[115] Ein Beispiel solcher Fetischisierung von Fanmassen lieferte

In entferntem Sinne wird also der Sitzplatz hinter der Trainerbank heute zum Ort der Schillerschen Position, welche die Frage gesellschaftlicher Emanzipation – wenn sie denn überhaupt gestellt wird – in die Haltung ästhetischer Kontemplation hineinlegt und den Fußball also als Kunst ›liest‹, die er als konkrete Praxis doch eigentlich gar nicht ist. Von dieser Perspektive aus erscheint es ein Leichtes, sich auf die Suche nach dem Schönen zu machen, das dem Suchenden als Marker eines Wahren gilt. Der Maßstab für ein solches Wahres liegt aber im eigenen gesellschaftlichen Standpunkt, den der Suchende im Sinne platonischer *anamnesis* verklärt und gleichsam an einen ewigen Kern, an ein ewig Schönes zu binden hofft. So wird das Tor Lionel Messis vom 17. April 2007 am Ende vielleicht nichts anderes als das, was schon sein Vorbild war: nämlich die wiederholte Instandsetzung jener ›legalen‹ Ordnung, die – wie schon von Maradona zelebriert – im Zweifel jene bevorteilt, die es sich leisten können, das Tor überhaupt ›schön‹ zu nennen. Nicht im Gedächtnis bleiben, als Allegorien der namhaften Hablosigkeit, die Abwehrspieler, die »Bettler«. – Denn: Einer verliert immer.

---

jüngst ein hingebungsvoller Stadiongänger. Vgl. Hans Ulrich Gumbrecht: *Crowds. Das Stadion als Ritual von Intensität*, Frankfurt a.M.: Klostermann 2020.

6
Ligen und Klassen

Bei allem Gerede von einer Sehnsucht nach schönem Fußball gibt es doch auch gelegentlich Zweifel daran. So hat Gunter Gebauers Versuch, eine *Philosophie des Fußballs* zu schreiben, immerhin zu der Einsicht geführt, dass das Spiel am Ende doch »keine Kunstform« ist.[116] Trotz aller Fetischisierung, die den Fußball umlagert und die in Teilen auch aus Gebauers Beitrag zum Spiel spricht, verwehrt sich sein Blick zumindest dem Sentiment einer bürgerlichen Romantik, das aus sicherer Entfernung das Schöne aufspürt, sich aber im Grunde der Frage nach der Essenz, welches das Spiel als symbolische Praxis verhandelt, verweigert. Schließlich arbeitet im Hintergrund aller scheinbar verspielten Effekte immer eine »Ästhetik der Grausamkeit«[117]. Wenn sie auch in Form theatraler Zähmung vielfach eine Abwehr von Gewalt und Schrecken in physischer Gestalt gewährleistet, so wird sie als immanent politische vor allem angetrieben von einem »Streben nach Herrschaft«[118]. In diesem Sinne ist alles

---

[116] Gunter Gebauer: *Das Leben in 90 Minuten. Eine Philosophie des Fußballs*, a.a.O., S. 49.
[117] Ebd., S. 194.
[118] Ebd., S. 195.

Verlangen nach »Schönheit« immer nur als Kehrseite, ja wohl eigentlich sogar als Verschleierung der politischen Botschaft der Entscheidung zu verstehen. Dabei ist *Ent*scheidung immer auch *Unter*scheidung, denn, so Gebauer, »Schönheit im Fußball ist ein Fest im alten Sinne des Wortes: ein Drama, das die Welt zerreißt, in Sieger und Verlierer teilt, wie der Würfelwurf des spielenden Gottes, von dem Heraklit spricht: Je nachdem wie der Würfel fällt, bringt er Glück oder Unglück.«[119] Wenn auch eingewoben in eine spielerische, theatrale oder gar dezidiert tragische Form, so liegt zumindest *eine* Essenz des Spiels darin, dass es genau diese beiden Schicksale produziert: Es bilden sich »Sieger und Verlierer« und also auch »Glück« und »Unglück«, welche sich zugleich eigentümlich dialektisch an die Erfahrung haften, dass entweder dem Unglück entronnen wurde oder aber das Glück beim Schlusspfiff eben bloß das der anderen ist.

Wenn auch die Vorstellung vom schönen Spiel damit relativiert und aus der Umklammerung durch die Leitidee der Schönheit gelöst wird, so zieht sich Gebauers *Philosophie des Fußballs* doch stets auf einen Standpunkt zurück, der das Spiel vor allem als eine symbolische Ordnung begreift. Schließlich werde in der »Abstraktheit der Struktur« im Fußball am Ende bloß *in effigie* Bedeutung produziert, also »keine wirkliche Herrschaft des Siegers

---

[119] Ebd., S. 198.

über die Verlierer«[120]. Diese Vorstellung klammert sich an die Idee, dass Fußball *nur* spielerisch jene Unterscheidung zwischen Siegern und Verlierern vornimmt, nicht aber in Wirklichkeit. Indem Gebauer dabei gerade das theatrale Element bespielt, zeigt sich auch, dass, wenn er auch immer wieder auf Nietzsches Begriff der Tragödie verweist, Fußball immer noch unter dem Schillerschen Programm des Dramatischen als »eine Welt des Scheins«[121] begriffen wird, die vor der ›eigentlichen‹ Grausamkeit bewahrt, die im Siegen und Verlieren liegt. Anstatt also diese Grausamkeit buchstäblich aufzufassen, wird sie abermals bloß auf Distanz gehalten. Denn Fußball muss, so die Logik dieser Haltung, zwar nicht schön sein, aber immerhin symbolisch.

Wenn es sich bei Fußballspielen tatsächlich um dramatische Ereignisse handelt, so nur darum, weil das Theater, welches das Stadion oder die Fußballübertragung ja immer irgendwie sind, vor allem auf eines abzielt: die restlose und vor allem legitime Identifikation mit Siegern und Verlierern. Wie oft schwenken doch die Kameras bei Fußballübertragungen auf die Gesichter der euphorisch jubelnden oder vernichtet weinenden Fans, die, obwohl doch nur ihre Mannschaft gewinnt oder verliert, es so empfinden, als wären sie selbst es, die alles gewonnen

---

120 Ebd., S. 195.
121 Ebd.

oder alles verloren haben. Dann zu rufen, dass es doch nur Theater sei, verdoppelt allenfalls die zynische Haltung der Regisseure solcher Fernsehübertragungen. Denn diese wissen zwar, dass es im Grunde ganz anders ist, aber sie stellen die Weinenden doch – als wären sie tatsächlich die »Bettler«, von denen schon Galeano einer sein wollte – als Exempel eines ›echten‹ und ›authentischen‹ Ausdrucks furchtbaren Unglücks aus.

Dem liegt nicht nur ein prekäres Verständnis dessen zugrunde, was Theater eigentlich ist, sondern auch dessen, was es überhaupt sein könnte. Schließlich hängt die kulturelle Bewältigungsleistung, die das Theater über Identifikation ›bloß‹ symbolisch zu leisten vorgibt, jenem durch und durch traditionellen Modell eines dramatischen Theaters an, welches schon Brecht rigoros kritisierte. So verwickelt dieses, wie es in den *Anmerkungen zur Oper ›Aufstieg und Fall der Stadt Mahagonny‹* heißt, »den Zuschauer in eine Bühnenaktion«[122], und es wird von diesem – in der »Spannung auf den Ausgang« – abverlangt, dass er »mittendrin [steht]« und »miterlebt«[123]. Das heißt, dass schon der Rahmen der Theatralisierung keiner ist, der den Zuschauern das »Glück« des Siegens oder das »Unglück« des Verlierens vom Halse hält. Vielmehr fordert Fußball in diesem Sinne dazu auf, sich vollkom-

---

[122] Bertolt Brecht: Anmerkungen zur Oper ›Aufstieg und Fall der Stadt Mahagonny‹, in: *Werke*, Bd. 24, a.a.O., S. 78.
[123] Ebd.

men der Sache der Leidenschaft und ihrer »unwürdige[n] Räusche«[124] zu ergeben. Denn er zieht seine Zuschauer in die Angelegenheit hinein. Er verwickelt sie, verstrickt sie und bannt sie somit – im »Erlebnis«[125], wie Brecht es nennt – an die Ereignisse so, als ob es die eigenen wären.

Die Praxis des Fußballspiels, die immer auch mit der Frage nach mehr oder minder unbedingter Identifikation einhergeht, lässt also oft gar nicht zu, dass die Beteiligten, sowohl Spieler als auch Zuschauer, aus dem »Erlebnis« herausspringen und es als bloß symbolisch erfahren. Es mangelt den Szenen des Spiels also an der Möglichkeit analytischer Anständigkeit. Denn, um es mit einem berühmten Wort Hegels zu sagen: »Das Bekannte überhaupt ist darum, weil es *bekannt* ist, nicht *erkannt*.«[126] So unterscheiden sich die Spieler ebenso von jenen mündigen Akteuren, die Brecht bei seinen Schauspielenden im Sinn hatte, wie auch der Zuschauer im Fußball von jenem »Betrachter«, dem das epische Theater Emanzipation von der Form des klassischen, dramatischen Theaters insofern zukommen lässt, als es den Prozessen, welche die Bühne ihm als undramatisch anbietet, tatsächlich

---

124 Ebd., S. 79.

125 Ebd., S. 78.

126 Georg Wilhelm Friedrich Hegel: *Phänomenologie des Geistes*, in: ders.: *Werke in 20 Bänden*, hg. von Eva Moldenhauer und Karl Markus Michel, Bd. 3, Frankfurt a.M.: Suhrkamp 1970, S. 35.

abständig gegenübersteht und also »Erkenntnisse[]« und nicht »Empfindungen«[127] davonträgt. Fußball hingegen ist das Gegenteil solcher Emanzipation. Er ist seiner Idee nach dramatisch, lässt keinen Abstand zu, verlangt nach leidenschaftlicher Komplizenschaft. Das heißt im Umkehrschluss aber auch, dass seine Inhalte eben nicht bloß symbolische sind, als die er sie verklärt. Vielmehr schwappen die Erfahrungen der Sieger und Verlierer immer auch konkret in jenes »gesellschaftliche Sein«[128] hinüber, von dem ein Beitrag wie Gebauers *Philosophie des Fußballs* eigentlich nachweisen wollte, dass er sich vor ihm – weil es sich ja ›bloß‹ um ein Spiel handelt – nicht zu verantworten habe. Denn selbstverständlich gibt es ein intimes Band zwischen der Produktion von Siegern und Verlieren auf der einen Seite, wie sie auf dem Fußballplatz praktiziert wird, und einem gesellschaftlichen Ganzen auf der anderen Seite, zu dessen Disposition unter kapitalistischen Bedingungen, wie sie heute vorherrschen, bekanntlich gehört, dass sie solche Gewinner und Verlierer fortwährend hervorbringt.

In der gesellschaftlichen Situation unserer Gegenwart, in dem der Fußball als Kulturpraxis einen herausragenden Platz einnimmt[129], bedeutet solche Trennung

---

[127] Bertolt Brecht: Anmerkungen zur Oper ›Aufstieg und Fall der Stadt Mahagonny‹, a.a.O., S. 78.

[128] Ebd., S. 79.

[129] Sowohl die Kodifizierung und Vereinheitlichung der

auch und vor allem die Trennung in soziale Klassen. Dies geschieht, indem diese, wie Nicos Poulantzas sie einmal griffig definierte, »durch die *Stellung* im Ganzen der gesellschaftlichen Praxis-Arten definiert [sind], das heißt durch ihre Stellung im Ganzen der Arbeitsteilung, die die politischen Verhältnisse und die ideologischen Verhältnisse umfaßt«.[130] Als handele es sich bei Fußballspielen um Allegorien politischer Ökonomie, scheiden sich in ihnen stets von Neuem solche, die etwas davonzutragen wissen, von anderen, die hablos bleiben.[131] Und indem die Akteure die Zuschauenden durch Effekte totaler Identifikation in die Angelegenheiten verwickeln, tragen

---

Spielregeln als auch die Institutionalisierung des Fußballs in Form von Vereinen und Ligen fällt ja nicht ohne Zufall in die zweite Hälfte des 19. Jahrhunderts und ist somit geschichtliches Phänomen einer, wie Lukács es einmal mit dem Blick zwar nicht auf Sport, aber auf Literatur nannte, »konstituierten, fertigen bürgerlichen Gesellschaft« mitsamt seiner »kapitalistischen Arbeitsteilung«. (Georg Lukács: Erzählen oder beschreiben?, in: ders.: *Probleme des Realismus I: Essays über Realismus*, Neuwied/Berlin: Luchterhand 1971, S. 205)

[130] Nicos Poulantzas: *Zum marxistischen Klassenbegriff*, übers. von Hartmut Kretzmar, Merve: Berlin 1973, S. 7.

[131] Vieles an der Analogie von Fußball und Produktion hat auch mit dem grundlegend arbeitsteiligen Charakter des Spiels zu tun, in dem gleichsam die Produktion dessen, was es davonzutragen gilt (Punkte, Titel, Prestige), unter Bedingungen stattfindet, nach denen jeder einzelne Spieler eine bestimmte Funktion im produktiven Prozess bekleidet: Stürmer, Außenverteidiger, Torwart etc.

sie diese Trennung in die gesellschaftliche Wirklichkeit auch jenseits der Stadiongrenzen hinaus. Übertragen auf den elementaren Aspekt des »Ganzen der Arbeitsteilung« scheiden sich im Fußball also die Anwesenden in Besitzende und Besitzlose oder aber, in anderer Terminologie, in bürgerliche und proletarische Klasse. In diesem Sinne ist Fußball ganz entschieden das Gegenteil dessen, was Marx »die verborgene Stätte der Produktion«[132] nannte, die abseits oder jenseits der Produktionsprozesse selbst liegt. Denn Fußball *ist* eine Szene der Produktion, und zwar insofern, als in ihm unmittelbar ansichtig wird, wer gewinnt und wer verliert, wer das also Produzierte als seinen Mehrwert davonträgt und wer hablos zurückbleibt.

Geht es also, wie selbst Gebauer eingesteht, im Fußball zumindest »in zweiter Hinsicht [...] um materiellen Besitz«[133], so heißt dies, dass jedes einzelne Spiel zumindest *auch* zu einer Art wiederholter Urszene wird, in der nichts anderes zur Aufführung kommt als die Geburtsstunde dessen, was sich in nüchterner Sprache wohl am einfachsten als die Entstehung von Ungleichheit benennen ließe. Mit Marx handelt es sich um Szenen mit dem Charakter jener »ursprünglichen Akkumulation«[134], in der jene Scheidung der Klassen in Besitzende und Be-

---

132 Karl Marx: *Das Kapital. Kritik der politischen Ökonomie*, in: *Marx-Engels-Werke*, Bd. 23, a.a.O., S. 189.
133 Gunter Gebauer: *Das Leben in 90 Minuten*, a.a.O., S. 195.
134 Vgl. Karl Marx: *Das Kapital*, a.a.O., S. 741.

sitzlose bekanntlich gewaltsam vollzogen wurde. Deren Ursprünglichkeit ist jedoch keine, die bloß einmal vonstatten geht. Vielmehr zeigt sich ihr Wesen paradoxerweise daran, dass sie sich fortwährend wiederholen, fortwährend reproduzieren lassen muss, um das Ganze dessen, was jene Szenen sind, nämlich Produktionsszenen von ›Eigentum‹, an immer neuen Schauplätzen und mit immer neuen Akteuren am Leben zu halten. Wie das kapitalistische Produktionssystem als Ganzes, so zeigt jede einzelne der Szenen dabei Symptome eines Zwangsneurotikers: Sie können nicht enden und drängen auf stete Wiederholung.

So zeitigt im Fußballbetrieb eben dieser repetitive Zwang zur Reproduktion zumindest drei konkrete Effekte. Erstens liefert ein jedes Spiel die mentale Einübung in ein System, das, je mehr seine Praktiken den Beteiligten – allen voran den Zuschauern, die ja ins Drama der Entscheidung buchstäblich mit hineingezogen werden – zur Gewohnheit werden, zunehmend als natürliche Ordnung erscheint, deren geschichtlicher Charakter verborgen bleibt. Ebenso gehört zu jedem Spiel die Ritualisierung durch Konventionen, Regeln sowie – »Der Ball ist rund und ein Spiel dauert 90 Minuten« – durch Elemente zeitlicher Strukturierung. Das hat zur Folge, dass die Praktiken nicht nur fortwährend wiederholt werden, sondern auch, dass sie sich immer wieder von Neuem bekräftigen und vor allem zumindest dem Schein nach legitimieren. Das führt zum zweiten Effekt, der darin besteht, dass die Spiele ja im Grunde gar nicht aufhören. Denn wer heute die Spielpläne der Profiligen studiert, wird rasch feststellen, dass kaum mehr ein Tag, ja kaum mehr eine Stunde ohne irgendein Fußballspiel vorstellbar ist, das nicht irgendwo auch im Fernsehen zu verfolgen wäre. Das heißt: Fußball als Ganzes ist zu einer *never ending story* geworden, die den Menschen am Ende auch das noch raubt, worüber sie im kapitalistischen Kontext sowieso nur in begrenztem Ausmaß selbst verfügen: Zeit. Der dritte Effekt schließlich materialisiert sich in dem äußeren Rahmen und seiner Institutionalisierung. Nicht weniger als an einzelnen Spielen nämlich zielt auch an den Wettbewerben insgesamt alles auf ihre Wiederholbarkeit ab. Dies bedeutet für den Fußball insbesondere, dass sich heute die klassengesellschaftliche Logik in den formalen Strukturen des Spielbetriebs selbst verewigt hat. Schließlich ist das Grundgerüst des Fußballbetriebs, darin den Schein einer Natürlichkeit von Saisonalität vor sich her tragend, der Wettbewerb in Form von Ligen. Diese Ligen produzieren Elementarformen eines Wettbewerbs, der ganz im Zeichen einer Wiederholung steht, die es kaum mehr gestattet, sich eine Welt ohne dieselbe vorzustellen.[135]

---

[135] Selbst die Pokalwettbewerbe, die noch etwas Erratisches haben und vor allem das Moment der Überraschung kennen, werden über diese Ligen reguliert, insofern sich die Mannschaften

Wie sehr sich die Institutionalisierung ewiger Wiederholung im Fußballbetrieb auf die alltägliche Wirklichkeit niederschlägt, ist daran nachzuvollziehen, dass sich heute niemand mehr unter den Lebenden findet, der noch überhaupt einen Erinnerungsschatz aus einer Zeit besitzt, in der nicht irgendein wiederkehrender Fußballwettbewerb stattfand. Dabei ist es nicht bloß die Saisonalität, die in ihrer zyklischen Gestalt den Fußballbetrieb gleichsam ›naturalisiert‹ und damit in einem die Möglichkeit geschichtlicher Veränderung entreißt. Vielmehr wird in ihm eben auch so etwas wie die Gewissheit produziert, dass die Welt, in der wir leben, ununterbrochen eine des Wettbewerbs hervorbringt, in der es von gleichsam natürlicher Qualität ist, dass sie in Klassen eingeteilt ist. Das Modell hat längst auch andere gesellschaftliche Bereiche – vom Eurovision Song Contest bis hin zur Wissenschaftsförderung – erreicht, wo fortwährend zwischen Gewinnern und Verlierern unterschieden wird.

Dazu gehört jedoch im Ligabetrieb im Spezifischen die institutionelle Praxis von Aufstieg und Abstieg, die wiederum die Illusion vor sich herträgt, dass es – ›halt nur nicht für alle‹ – ein Entkommen gibt aus dem Stand der Unterklassigkeit. Dabei würde zwar ganz im Sinne einer Ausblendung der Klassenfrage niemand von Bun-

---

ja für diese, allen voran die internationalen Wettbewerbe, über die Platzierung in den (nationalen) Ligen qualifizieren müssen.

desklasse anstelle von Bundesliga oder von Premier Class anstelle von Premier League sprechen, doch tritt der gesellschaftliche Gehalt der Ligastruktur dem unverhohlen vor Augen, der sich um die unteren Ligen kümmert. Hier nämlich hat sich eine »Abstiegsgesellschaft«[136] auf alle Zeiten verewigt, spiegelt doch erst die landläufige Rede von Bezirks- und Kreis*klasse* den zur eigenen Naturalisierung neigenden Stand einer Gesellschaft angemessen wider, der die Bedingungen einer kontinuierlichen Reproduktion von »politischer und ideologischer Herrschaft/Unterordnung«[137] perpetuiert. Hier nämlich finden sich all jene Verlierer ein, die, wenn sie sich auch ironisch als Thekenmannschaften organisieren, im Grunde mit jedem einzelnen Bier ihr Abgehängtsein zelebrieren und darin anerkennen, dass dies nun einmal ›die Natur der Sache‹ ist.

Im Kern des Ligabetriebs arbeitet also eine Art von Praxis der Ungleichheit, die sich zumal durch ihren rituellen Charakter gewissermaßen unendlich zu verlängern strebt. Am oberen Ende solcher Strukturen der Ungleichheit zeitigen sich denn auch Effekte beschleunigter Akkumulation. Dies hat unter anderem zur Folge, dass

---

[136] Vgl. Oliver Nachtwey: *Abstiegsgesellschaft. Über das Aufbegehren in der regressiven Moderne*, Berlin: Suhrkamp 2016.

[137] Nicos Poulantzas: *Zum marxistischen Klassenbegriff*, a.a.O., S. 7.

Bayern München mit einem jährlichen Personaletat von mittlerweile mehr als 300 Millionen Euro die deutsche Meisterschaft seit der Saison 2012/13 elf Mal hintereinander gewonnen hat. Das dramatische Bundesligafinale am 27. Mai 2023, in dem Borussia Dortmund sich durch einen verpassten Sieg gegen Mainz 05 selbst noch um die Meisterschaft brachte, wirkt dabei wie die schmerzhaft ironische Bestätigung dieser Tendenz. Denn fast scheint es, als wäre bei den Beteiligten die Ehrfurcht vor dem Gesetz der Ewigkeit größer gewesen als der Mut, die ›Natur der Ungleichheit‹ endlich zu zerbrechen.

Es hat sich also im Stillen eine Art von Gewissheit herausgebildet, wonach sich das Fußballgeschäft, das doch eigentlich ein meritokratisches zu sein vorgibt, in dem ein Triumph stets als Ergebnis harter Arbeit gilt, schleichend in eine Art von Fußballoligarchie verwandelt hat, in der sich das obere 1% die restlichen 99% selbst dann noch vom Leibe zu halten vermag, wenn es den Verlierern die Möglichkeit überlässt, auch einmal an den Tröpfen des Sieges sich zu laben. Dabei treten in einer geschichtlichen Konstellation wie der heutigen, in der jemand wie Peter Thiel, libertärer Milliardär mit Neigungen zum Trumpismus, unverhohlen die Doktrin ausgibt, nach welcher Wettbewerb sowieso nur der von Verlierern ist (»competition is for losers«), auch die Widersprüche zwischen der ideologischen Annahme und der Wirklichkeit immer deutlicher in Erscheinung. Schließlich haben sich als Effekt der ungeheuren Kapitalisierung des Fußballbetriebs – Pläne zur Einführung einer European Super League sind bekanntlich längst gemacht – eigentümliche Formen von Fußballaristokratien herausgebildet, die bisweilen selbst noch das eigentliche Kerngeschäft, nämlich eben den Wettbewerb, als den mythischen Überrest einer untergegangenen Welt erscheinen lassen.[138]

Indem das System von Ligen und Klassen jedenfalls jährlich von Neuem beginnt und alle Teilnehmenden in der Tabelle wieder bei Null anfangen, wird immer noch der Rest einer Illusion aufrechterhalten, dass sich diese Ungleichheit, die in der grotesken Verteilung sowohl von Fernseh- und Sponsorengeldern als auch von mehr oder minder kriminellen Investments ihre Symptomatik hat, vielleicht am Ende doch durch eine besondere Leistung aufbrechen ließe. Schließlich besteht in jedem Spiel erneut die Möglichkeit, dass es zum Favoritensturz kommt. Wenn also etwa der VfL Bochum, wie im Februar 2022, einmal mit 4:2 gegen den FC Bayern München gewinnt, so befeuert das eben gerade diese Illusion, die doch im Grunde bloß eine statistische Abweichung bildet zu jenen Wahrscheinlichkeiten, die die totale Rationalisierung des Betriebs – zumal in Zeiten ungeheurer Quantifizierungs- und Algorithmisisierungswellen[139] – heute längst herausge-

[138] Vgl. dazu eine Außenansicht von Rory Smith: Bayern Munich and the Myth of Competition, in: *The New York Times*, 12. August 2022.

[139] Vgl. zu diesem Komplex etwa eine Publikation wie die

bildet hat. So also ist der Fußball sowohl auf der konkreten Ebene des einzelnen Spiels als auch auf der institutionellen Ebene des Spielbetriebs nicht nur zu einem Abbild, sondern vielmehr geradezu zu einem Motor der ununterbrochenen Reproduktion einer Klassengesellschaft geworden, deren Ungleichgewichte sich, zusammen mit den gesellschaftlichen Verwerfungen, wie sie das neoliberale Regime ohnehin abseits des Platzes hervorgebracht hat, zunehmend verhärten. Gewiss: Die ›Habenden‹ (wie Bayern München) sehen sich nicht zuletzt durch den spielerischen Charakter des Ganzen immer wieder mit dem ungemütlichen Risiko des Ausrutschers konfrontiert. Doch fängt die Arithmetik des Ligabetriebs diese Ausrutscher am Ende ähnlich wie einen jeweils bloß inzidentellen Spekulationsverlust an der Börse auf, wo ein System von »Bereicherung« seinen Schauplatz hat, das konsequent die Klasse der Habenden von der der »Abgehängten und Dienstboten« scheidet.[140] Am Ende nämlich führt der Betrieb zu einer Endlosschleife von Akkumulation, also zu, wie Hannah Arendt es nannte, »never-ending accumulation«[141] von Macht wie auch von

---

von Daniel Memmert und Dominik Raabe: *Revolution im Profifußball: Mit Big Data zur Spielanalyse 4.0*, 2. Auflage, Berlin: Springer 2019.

[140] Vgl. Luc Boltanski und Arnaud Esquerre: *Bereicherung. Eine Kritik der Ware*, übers. von Christine Pries, Berlin: Suhrkamp 2018, S. 571 ff.

[141] Hannah Arendt: *The Origins of Totalitarianism*, London: Penguin 2017 S. 186.

Kapital. In Kombination mit seinen dramatischen Inszenierungsweisen ist die klassengesellschaftliche Realität derweil nicht bloß von symbolischer Natur, sondern vielmehr zieht sie die Menschen am Spielfeldrand in diese Wirklichkeit hinein. Wenn es also im Fußball in diesem Sinne eben immer zumindest *auch* um eine ritualisierte Reproduktion von Klassengesellschaft geht, so geschieht dies in einer Form, die sie als Praxis zu einer Gewohnheit umgestaltet, in der die Produktion von Ungleichheit nicht mehr als geschichtliche in dem Sinne zu erkennen ist, dass sie sich auch verändern ließe. Fußball strebt nach Ewigkeit wie das, was in und an ihm eingeübt wird: das Leben unter kapitalistischen Bedingungen. – Und das heißt eben auch: Einer verliert immer.

7
Frauenfußball

Wer noch im ersten Jahrzehnt unseres Jahrhunderts das DFB-Pokalfinale der Frauen verfolgt hat, der hat dies vor allem im Warten auf das Finale der Herren getan. So wurde bis in das Jahr 2009 das Finale der Frauen stets im Vorprogramm zum Männerfinale ausgespielt. Damit fand es in jener eigentümlichen Atmosphäre statt, die sich dadurch auszeichnete, dass die Ränge im Berliner Olympiastadion, Stunden vor dem Anpfiff des ›großen‹ Finales, zu Spielbeginn meist gänzlich leer waren. So wurde über Jahrzehnte im großen Oval jeder Pfiff, jeder Ruf und jeder Schuss dieses Frauenfinales von den Mikrofonen der Kameras eingefangen, was selbst im Fernsehen eine bizarr unterkühlte Stimmung erzeugte, die sich vielleicht am besten mit den letzten Zeilen von Hölderlins *Hälfte des Lebens* einfangen lässt: »Die Mauern stehn / Sprachlos und kalt, im Winde / Klirren die Fahnen.«[142] Erst nach und nach füllten sich die Ränge des Stadions und während die zumeist männlichen Fans des ›eigentlichen‹ Finales in lockerer Atmosphäre bei Bratwurst

---

[142] Friedrich Hölderlin: *Hälfte des Lebens*, in: ders.: *Sämtliche Werke*, hg. von Friedrich Beißner, 2. Bd, Stuttgart: W. Kohlhammer 1951, S. 117.

und Bier Transparente und Fahnen entrollten, wurde das Frauenfinale, zumal in den Anfängen dieser Tradition, im Zeichen erheiterter Beiläufigkeit als Kuriosum zur Kenntnis genommen. Gelegentlich gab es bei gelungenen Aktionen auf dem Platz ein wenig Beifall, bei einer misslungenen Aktion brach jedoch nicht selten hohngetränktes Gelächter aus. Damit hatte die Veranstaltung gerade noch in den 1980er Jahren nicht selten den Charakter jener exotistischen Völkerschauen, mit denen sich noch im frühen 20. Jahrhundert die europäischen Gesellschaften das perverse Vergnügen einer gewissermaßen wohnzimmerlichen Aneignung von Fremdem in die Städte holte und dessen im Grunde grausamer Charakter vielleicht nie präziser eingefangen wurde als von der Ironie des großen Wiener Nichtstuers Peter Altenberg: »Diese Mädchen sind jedenfalls sanft und gut. Komme her, Kleine. How is your name?!«[143]

Als am 30. Mai 2009 das Frauenfinale das letzte Mal in dieser Konstellation ausgetragen wird und die Frauen des FCR Duisburg gegen ihre Gegnerinnen von Turbine Potsdam mit 7:0 gewinnen, ist allen Beteiligten der grundlegende Anachronismus der Veranstaltung längst augenscheinlich geworden. Zu sehr hatte sich der Frauenfußball zu diesem Zeitpunkt bereits etabliert.

---

[143] Peter Altenberg: *Ashantee. Im Wiener Tiergarten bei den Negern der Goldküste, Westküste*, Berlin: Fischer 1897, S. 9.

Denn war die Konstellation des Vorprogramms vielleicht noch in den 1990er Jahren ›zeitgemäß‹, bildete sie schon zur Jahrtausendwende den Status des Frauenfußballs als eigenständige Disziplin, zu der er inzwischen geworden war, schon längst nicht mehr angemessen ab. Also ist das letzte Tor eines Frauenfinales, das in Berlin ausgetragen wurde, so etwas wie das Dokument einer zu diesem Zeitpunkt schon vorgeschichtlich gewordenen Epoche des Frauenfußballs.

Torschützin dieses letzten Berliner Tores ist eine damals gerade erst 18 Jahre alte Alexandra Popp, die in den Jahren danach zu einer der besten und zweifelsohne berühmtesten deutschen Fußballerinnen werden sollte. Noch bevor der FCR Duisburg einige Jahre später in die Insolvenz ging, schloss sie sich dem VfL Wolfsburg an, dessen Gesicht und Anführerin sie wurde und mit dem sie das folgende Jahrzehnt nicht nur den deutschen Frauenfußball dominieren, sondern auch zwei Mal die Champions League der Frauen gewinnen sollte. Dazu wurde sie schließlich Kapitänin der deutschen Nationalmannschaft und steht zumindest im deutschen Kontext heute vielleicht wie kaum eine andere Fußballerin für die jüngste Entwicklung eines Frauenfußballs ein, der aus einer langjährigen Peripherie und Abseitigkeit herausgetreten ist und längst etablierte Sport- und vor allem auch Fernsehereignisse hervorbringt.

Letzter bedeutender Meilenstein dieser Entwicklung war wohl die Europameisterschaft im Jahr 2022, die –

auch weil die Weltmeisterschaft der Männer in Katar in den Winter verschoben wurde – plötzlich in jenem bier- und grillfestseligen Umfeld eines Fußballsommers stattfand, in dem die großen Ligen ruhen und somit bei Welt- oder Europameisterschaften für gewöhnlich jene ikonischen Bilder des Männerfußballs produziert werden, die alle Bilder des Frauenfußballs unter sich begraben. Bei dieser Europameisterschaft wird jene Alexandra Popp, nun gereifte Fußballerin, zu einer prägenden Spielerin des Turniers. Sie avanciert zum Gesicht und – die *Bild* nennt sie »Poppi« – Medienliebling des Turniers, in dem sie ihr Team bis ins Finale führt. Doch bleibt ihre Geschichte bei diesem Turnier unvollendet, verhindert doch ausgerechnet zum Höhepunkt eine Verletzung ihren Einsatz in jenem großen Finale von Wembley, das die Deutschen (ohne Popp) gegen die heimischen Engländerinnen mit 1:2 in der Verlängerung verlieren.

Rund um das Finale gibt es erneut Reflexe jener Art, die den Fußball als dramatisches Theater kennzeichnen. Laut *bild.de*, Produzent wie Barometer von Stimmungen zugleich, bringt nämlich das »Popp-Drama« – 46 Jahre nach Uli Hoeneß' Schuss in den Himmel von Belgrad – abermals eine »tragische Figur des Final-Abends«[144] her-

---

[144] So *bild.de* am 1. August 2022: https://www.bild.de/sport/fussball/fussball/frauen-em-das-drama-um-alexandra-popp-bild-erzaehlt-die-ganze-geschichte-80873952.bild.html (zuletzt eingesehen: 12. Juli 2023)

vor. Dabei ist der Rahmen dieses Finales alles in allem fulminant. Das ausverkaufte Wembley-Stadion liefert eine Atmosphäre, wie sie allen großen Männerfinalen in keinem Punkt nachsteht, und mit 18 Millionen Fernsehzuschauern sehen das Spiel allein in Deutschland mehr Menschen als das Spiel zwischen Deutschland und Spanien nur wenige Monate später bei der Männer-WM in Katar. Dass den Engländerinnen dabei gelingt, was ihren männlichen Kollegen jahrzehntelang nicht glückte, nämlich dass sie einen Titel gewinnen, ist zwar ein gewaltiger Triumph des Frauenfußballs im Heimatland, liefert aber auf der Seite der Verliererinnen die Szenen jener tragischen Geschichten, die auch das dramatische Theater des Männerfußballs in seinen Schemen und Reflexen kennt: Alexandra Popp nämlich – Heldin, die das Schicksal nicht beugen konnte – weint.

So erzählt dieses Finale der Frauen-Europameisterschaft 2022 die Geschichte einer Entwicklung, in der sich gerade ihren dramatischen »Bauformen«[145] nach eine kontinuierliche Annäherung des Frauenfußballs an das männliche ›Original‹ schrittweise vollzieht. Diese Annäherung steht auch in anderen Elementen ganz im Zeichen einer energisch forcierten Nachahmung, zumal mit Blick auf den institutionellen Charakter des Spiels. Schließlich

---

[145] Vgl. die klassische Studie von Walter Jens: *Die Bauformen der griechischen Tragödie*, München: Wilhelm Fink 1971.

werden die rahmenbildenden Strukturen, deren Ritualisierungsformen des Dramatischen nicht weniger auf Identifikation abzielen als bei männlichen Vorbildern, vor allem auf internationalem Terrain binnen weniger Jahre erfolgreich imitiert. Auf institutioneller Ebene umfasst der Prozess solcher Angleichung zunächst einmal die Professionalisierung der Ligastrukturen, die Instandsetzung und Weiterentwicklung der internationalen Wettbewerbe (wie etwa der Champions League der Frauen) sowie natürlich eine entschiedene Fortentwicklung der Kommerzialisierung des Betriebs.[146] Auch fußballerisch kann kein Zweifel daran bestehen, dass die Qualität des Spiels im Frauenfußball vor allem dank zunehmender Disziplinierung und Präzisierung im taktischen Bereich in bedeutendem Maße zugenommen hat und damit vor allem auf internationaler Ebene die Zeit der zweistelligen Ergebnisse als Ausdruck grotesker Ungleichgewichte längst der Vergangenheit angehört.

Der Frauenfußball hat sich also binnen weniger Jahre einen Stellenwert erkämpft, an dem seine sportpolitische Abseitigkeit in vielerlei Hinsicht zwar keineswegs vollends durchbrochen wurde, aber immerhin an einen Punkt gelangt ist, an welchem eine »Tragödie«, wie

---

[146] Am 30. März 2022 wurde etwa im Viertelfinale der Champions League das Spiel der Frauenteams zwischen dem FC Barcelona und Real Madrid (5:2) von nicht weniger als 91.553 Zuschauern verfolgt.

sie sich um Alexandra Popps vermisster Finalteilnahme herum abspielt, bei weitem kein fußballerisches Spezialwissen mehr bildet, sondern längst zum Mainstream des öffentlichen Interesses am Sport gehört. Darum lässt sich zumindest auf den ersten Blick durchaus von einem Erfolg jenes Typs von Emanzipation sprechen, die nicht nur den Frauenfußball im Spezifischen, sondern die gesellschaftliche Stellung von Frauen insgesamt angeht. Allerdings stehen am Beginn dieser Entwicklung zunächst einmal gerade jene Patriarchen, mit denen schon das schwierige Kind Maradona seinerzeit aneinandergeraten ist. So wurde die Entscheidung des DFB, das Pokalfinale endlich der folkloristischen Welt des Vorprogramms zum Finale der Männer zu entreißen und seit 2010 ein eigenständiges Finale in Köln auszutragen, von Fußballfunktionären jenes alten Schlages getroffen, die zwar die Sprache der Emanzipation im Munde führen, aber diese doch stets ›von Vaters Gnaden‹ her denken. Das vielfach vergebliche Ringen schon um die Realisierung eines *equal pay* zeigt die gebliebenen Abhängigkeiten deutlich an und wenngleich das Interesse der Öffentlichkeit am Frauenfußball beachtlich an Stellenwert gewonnen hat, schleicht sich bei dieser Entwicklung bisweilen doch der Verdacht ein, dass Emanzipation hier in großen Teilen wenig anderes bedeutet, als eben dies: die bloße Imitation der Institutionen derer, von denen es sich doch eigentlich zu emanzipieren gälte – den Institutionen der Männer und Väter.

Jenseits der noch stets offensichtlichen Patriarchate, die den Frauenfußball bis heute beherrschen, macht aber noch ein anderes Element die Angelegenheit dieser Emanzipationsbewegung zu einer verwickelten. Wenn es nämlich in der Tat so ist, dass der Fußball der dramatische Schauplatz ist, in dem kapitalistische Gesellschaften spielerisch den Ernst einer fortwährend am Leben gehaltenen Scheidung zwischen Siegern und Verlieren, Habenden und Hablosen, besitzender und besitzloser Klasse verhandelt und affirmativ nachvollzieht, so stellt sich für die Bedingungen des Frauenfußballs zumindest auf professioneller Ebene immer auch die grundlegende Frage nach dem Verhältnis zwischen einer gesellschaftlichen Ordnung, die in vielen Elementen auf die stete und ununterbrochene Reproduktion solcher Ungleichheit abzielt, und der Stellung der Frauen in eben dieser. Kritische feministische Arbeiten haben in jüngsten Jahren herausgestellt, welche Widersprüche sich daraus ergeben. Denn die bloße Imitation sowie die Besetzung von (männlichen) Institutionen durch Frauen, die einer (auch genderkodierten) Klassenspaltung ganz konkret Vorschub leisten, hat am Ende einiges vom Charakter jener versäumten Emanzipation, die gerade solche Strukturen unangetastet lässt, welche zu zerbrechen sie anstrebt. Nicht zu vergessen ist unbedingt, dass Fußball, der in jedem Spiel den Akt der Klassenspaltung von Neuem zelebriert, im Kern ein Geschäft betreibt, das nach historischen Maßstäben Frauen selbst noch von den Ausbeutungsstrukturen der

›freien‹ Lohnarbeit fernhält und sie als ›sorgende‹ Töchter, Schwestern, Mütter in Strukturen subalterner Abhängigkeit bannt.

Emanzipation, die die Teilhabe an einem System der Klassenspaltung verspricht und dabei zugleich das Prinzip gelungener Emanzipation von dieser Klassenspaltung selbst unterminiert, gerät damit in den Strudel dessen, was vor wenigen Jahren ein Manifest zu einem *Feminismus für die 99%* als die leere »Vision einer *auf Chancengleichheit beruhenden Herrschaft*« bezeichnete. Damit war eine Vorstellung gemeint, »die gewöhnliche Menschen im Namen des Feminismus aufruft, sich dankbar zu zeigen dafür, dass eine Frau und kein Mann ihre Gewerkschaft zerschlägt, einer Drohne den Befehl erteilt, die Mutter oder den Vater zu töten, oder das Kind an der Grenze in einen Käfig sperrt.«[147] Ganz in diesem Sinne verspricht der Frauenfußball also zum einen, Frauen von ihren Stellungen in und an jenen bereits erwähnten »verborgne[n] Stätte[n] der Produktion« zu erlösen, wo sie all jene – vor allem unentlohnte – Arbeit leisten, die es ihren Vätern, Brüdern oder Söhnen traditionell ermöglicht, überhaupt erst an den Ausbeutungsverhältnissen teilzunehmen, zu denen sie nach den Abstiegen, die bekanntermaßen in jedem Fußballfest gefeiert werden, als

[147] Cinzia Arruzza, Tithi Bhattacharya, Nancy Fraser: *Feminismus für die 99%. Ein Manifest*, übers. von Max Henninger, Berlin: Matthes & Seitz 2019, S. 10.

strukturell Hablose keine Alternative haben.[148] Das heißt auf der anderen Seite aber auch, dass die ›Befreiten‹ bloß wieder von Neuem in jenen Strukturen landen, die ihre Abhängigkeit zuvor schon produzierten. Wieder also gilt: Es ist bloß ›Aufhebung‹ der ›Aufhebung‹, nicht aber des Widerspruchs.

Dieses Widerspruchs eingedenk lässt sich an der Emanzipationsgeschichte des Frauenfußballs vieles von dem ablesen, was Emanzipationsgeschichten vor allem liberaler Prägung insgesamt auszeichnet. In ihnen verschieben sich zwar auf der einen Seite Macht- und Abhängigkeitsverhältnisse so, dass es einzelnen gelingt, auf die Seite der Siegerinnen zu wechseln. Doch lösen im Gegenzug die jeweils nur individuellen Verschiebungen das grundständige Dilemma, dass nämlich systemische Ungleichheit und also notwendigerweise Verliererinnen produziert werden, in keiner Weise auf.[149] Im Gegenteil:

---

[148] Auf diese Dynamik einer Dialektik von produktiver und reproduktiver Arbeit, an der die Möglichkeit eines emanzipativen Feminismus *innerhalb* der Widersprüche von kapitalistischen Strukturen zerbricht, hat vor allem Nancy Fraser in ihren Arbeiten immer wieder hingewiesen. Vgl. etwa Nancy Fraser: *Cannibal Capitalism. How our System Is Devouring Democracy, Care, and the Planet – and What We Can Do about it*, London/ New York: Verso 2022, S. 53-74 sowie – in komprimierter Form – Nancy Fraser: Behind Marx's ›Hidden Abode‹: For an Expanded Conception of Capitalism, in: *New Left Review* 86 (2014), S. 55-72.

[149] Dieses Emanzipationsprojekt hängt wesentlich mit der

Effekt solcher Praxis ist nicht selten die noch grundsätzlichere Verstrickung in den Widerspruch.

Was den Frauenfußball anbelangt, so mag es noch dazu kein Zufall sein, dass sich der Erfolg von Emanzipation bloß auf dezidiert westliche Gesellschaften erstreckt. Schließlich ist nach globalen Maßstäben der Frauenfußball bis heute vornehmlich eine Angelegenheit der bürgerlichen und strukturell weißen *middle class* geblieben, die sich als hegemoniales Ganzes zumal in den Gesichtern der siegenden Frauen auf dem Spielfeld am liebsten vor allem selbst als die erfolgreiche Klasse wiedererkennt. Weil solche Art von Identifikation in den der Tendenz nach kriminellen Strukturen des Männerfuß-

---

Verschiebung des Gerechtigkeitsbegriffs zusammen, wie ihn Oliver Nachtwey skizzierte: »Gerechtigkeit bedeutet in diesem Zusammenhang dann nicht so sehr den Ausgleich vertikaler Ungleichheiten als vielmehr in erster Linie die Verringerung *horizontaler* Diskriminierungen entlang kultureller Merkmale. Die Schlüsselbegriffe dieses Gerechtigkeitsdiskurses sind nicht mehr soziale Ungleichheit und Ausbeutung, sondern Gleichberechtigung und Identität. Chancengleichheit zielt etwa auf den formell gleichberechtigten *Zugang* von Frauen zu Positionen, die bisher Männern vorbehalten waren. [...] Das Problem bei dieser Verschiebung ist selbstverständlich nicht, dass man sich für eine Verbesserung der Position von Frauen auf dem Arbeitsmarkt einsetzt. Das Problem ist, dass Gerechtigkeitspolitik auf diese Frage verengt wird, denn radikale Chancengleichheit reduziert Gerechtigkeit auf die horizontale Logik der Inklusion und Gleichbehandlung.« (Oliver Nachtwey: *Die Abstiegsgesellschaft*, a.a.O., S. 111)

balls vielfach schwierig geworden ist und sich stattdessen avancierte Liberale im verbissenen Protest an der Austragung der Männer-WM in Katar 2022 abarbeiten, liefert ihre wohlmeinende Advokatie des Frauenfußballs nicht selten ein willkommenes Korrektiv gegenüber den strukturellen Ungleichheiten, von denen man selbst profitiert. Dabei setzen sich am Ende verlässlich jene Favoritinnen aus ebendiesen Gesellschaften eines ›emanzipierten‹ Westens (Lateinamerika eingeschlossen) durch, deren liberal Gesinnte sich bisweilen selbstzufrieden in einem ›gut gemeinten‹ Triumph der Emanzipation in ihren Fußballerinnen bespiegeln. Im Augenblick des Sieges wird Emanzipation dabei als besondere Leistung gefeiert, aber damit zugleich wiederum auch die Möglichkeit verstellt, das zu werden, was sie doch eigentlich sein müsste: nämlich ein universelles Recht.

Die Widersprüche des Leistungsprinzips von Emanzipation zeigen sich auch darin, dass sie jene – zumal für ein westlich-liberales Bewusstsein – ›schwierigen‹, weil ungreifbaren, verborgenen und vor allem unartikulierten Gruppen von Frauen aus weiten Teilen eines globalen Südens davon ausschließen, die Siege davonzutragen. Vielmehr wird ihnen – so jener berühmte Fall in Spivaks fulminantem Essay *Can the Subaltern Speak?* – im Zweifel vorgehalten, das emanzipative Leistungsprinzip darin zu verletzen, dass die indische »Hindu-Witwe [...] auf den Scheiterhaufen des toten Ehemanns [steigt] und [...] sich selbst auf diesem [opfert]«[150]. Während also seit 1991 alle vier Jahre Fußballweltmeisterschaften der Frauen stattfinden, blieben die Mannschaften von strukturell weißen Gesellschaften weitestgehend unter sich.[151] Denn hier verfolgen sie jenen liberalen Traum von Emanzipation, der ein exklusiver ist und den zu träumen vor allem eine Voraussetzung hat: dass man es sich leisten können muss.

Auf eigentümliche Weise reproduziert der Frauenfußball also das Element einer (globalen) Klassenspaltung. In solcher Spaltung zeigt sich, wie schon auf der Ebene der bloß augenscheinlichen Ausfüllung des institutionell männlichen Rahmens durch Frauen, dass das liberale Versprechen einer »Anerkennung durch Assimilierung«[152], welches der kapitalistische Westen vor sich herträgt, seine Widersprüche unmöglich auflöst.

---

[150] Gayatri Chakravorty Spivak: *Can the Subaltern Speak? Postkolonialität und subalterne Artikulation*, übers. von Alexander Joskowicz und Stefan Nowotny, Wien/Berlin: Turia + Kant 2020, S. 80.

[151] Bei der Weltmeisterschaft 2023 nahm mit Marokko erstmals eine Frauenmannschaft aus einem muslimischen Land teil. Die Marokkanerinnen überraschten und ließen in der Gruppenphase selbst Deutschland hinter sich, bevor sie im Achtelfinale 0:4 gegen Frankreich verloren. Ironie an einer eigentümlich postkolonialen Konstellation war dabei, dass viele Spielerinnen ausgerechnet das französische Ausbildungssystem durchlaufen haben und der Trainer, Reynald Pedros, Franzose war.

[152] Gayatri Chakravorty Spivak: *Can the Subaltern Speak?*, a.a.O., S. 74.

Vielmehr klopft von Neuem das Gespenst einer Struktur an die Tür, die immer schon im Vorhinein, noch bevor der Ball überhaupt rollt, die Welt in Siegerinnen und Verliererinnen eingeteilt hat. Dass diese Struktur dazu noch selbst von den Siegerpatriarchen erfunden wurde, stellt nur die letzte Konsequenz in der Verteilungspraxis eines Spiels dar. Dessen Kernprogramm ist es eben, hier die Habenden hervorzubringen und dort eben bloß jene, die wie im Fall der Frauenweltmeisterschaften draußen bleiben müssen, weil sie sich nicht durch Leistung für ihr Recht zur Teilhabe qualifiziert haben und somit auch all jene Rechte verwirken, die unter kapitalistischen Bedingungen nun einmal vor allem Rechte an trophäenartigem Eigentum bedeuten.

Am Ende spiegelt sich in diesen Strukturen auch die Widersprüchlichkeit einer Emanzipation, die eben nicht die grundlegende Abschaffung eines Systems von Gewinnen und Verlieren ins Auge fasst, sondern Frauen bloß verspricht (und selten einlöst), dass sie selbst zu Siegerinnen werden. Darin liegt eine Art von Verdoppelung der ›Ironie‹ des Tragischen, die schon im Männerfußball Praxis ist. Zum einen nämlich werden Frauen bloß zu Gewinnerinnen, insofern sie die Regeln und Konventionen eines systemischen Ganzen anerkennen, in welchem – als kapitalistische Praxis, die jeder moderne Sport, insbesondere aber Fußball immer *auch* ist – sie strukturell immer schon dazu tendieren, im ›Abstiegskampf‹ auf die Verliererseite zu geraten. Zum zweiten aber wirken sie selbst sogar noch im Stand des Verlierens wie die Gewinnerinnen gegenüber denen, die – das ist das Spezifische am Frauenfußball, der ja auf einem liberal-meritokratischen Emanzipationsprinzip gründet, das längst nicht alle Frauen, zumal die global Subalternen als seine Subjekte erkennt – von den Spielen ausgeschlossen werden. So finden die Subalternen nicht einmal innerhalb der Ordnung des Siegens und Verlierens einen Platz, der ihnen nach universellen Grundrechten doch eigentlich zustünde. In diesem Sinne werden die Gesten einer ›selbstgeleisteten‹ Emanzipation, in welchen sich die Siegerinnen zu gerne selbst bespiegeln, eben jenen Hindu-Witwen, jenen Frauen des Mullah-Regimes im Iran oder auch jenen vielen Millionen Sklavinnen oder Quasi-Sklavinnen weltweit, die nicht einmal in den historischen Stand der Ausbeutung durch Lohnarbeit geraten konnten, nicht selten zum Hohn im Angesicht einer Lage, in der nicht einmal etwas zu ›leisten‹, nichts zu ›verdienen‹ ist.

Im Lichte der Widersprüche also, in dem der Frauenfußball eine immer nur unvollkommene Emanzipation leistet, in welcher die Grenzen zwischen Siegen und Verlieren zwar verschoben, aber nicht aufgehoben werden können, liegt aber zuletzt eine Spur des Tragischen. Schließlich schlägt den schon im Vorhinein Deprivierten im System einer Leistungsemanzipation tatsächlich eine Art von objektivem ›Schicksal‹ entgegen. Dabei haben die Milliarden von abgehängten Frauen nicht bloß im Fußball, sondern vor allem auch in dem liberalen Emanzipationsprojekt selbst, zu dem der Frauenfußball unter den weltweiten gesellschaftlichen Bedingungen nur eine symptomatische Erscheinungsform bildet, keinen Platz. Denn sie haben nicht einmal die Wahl, an dieser ›Story‹ überhaupt teilzunehmen. Das heißt selbstverständlich nicht, dass sie etwa ›moralisch‹ auf der richtigen oder der falschen Seite stünden. Sie stehen schlichtweg auf keiner dieser Seiten, die das Spiel selbst im Angebot hat. Denn ihnen wird nicht einmal Zugang zu einer Welt der Leistung gewährt, in denen ihr ›Schicksal‹ subjektiv, also persönlich werden könnte. Die Tragik liegt also nicht darin, dass Alexandra Popp am Finale nicht teilnehmen und so ›ihr großer Traum‹ nicht in Erfüllung gehen konnte; sie hat vielmehr darin ihren Grund, dass ihr Traum einer war, den andere schon gar nicht haben durften. Vielleicht weinte sie am Abend des 31. Juli 2022 auch darum. – Denn: Eine verliert immer.

8
Kaiserslautern

Der Fußball kennt viele mythische Schauplätze. Einer davon liegt in Kaiserslautern und also in einer Stadt, von der, wäre sie nicht auf den Landkarten des Fußballs verzeichnet, wohl nur wenige wüssten, was überhaupt über sie zu sagen wäre. Dabei hat Christian Baron, der hier aufgewachsen ist, einen Lebensbericht über seine Kindheit in Armut geschrieben und darin vor wenigen Jahren über seine Heimatstadt bemerkt:

> Kaiserslautern ist eine abgehängte Stadt. Keine 100 000 Einwohner zählt dieser Ort, dem die hohe Arbeitslosigkeit zugesetzt hat. Hier leben Menschen, die sich einmal viel einbilden konnten auf ihre Heimat. Weil sie in die beste aller Wohlstandswelten hineingeboren wurden. Weil der 1. FC Kaiserslautern die Reichen in der Fußball-Bundesliga das Fürchten lehrte. Weil sie einen Job haben, von dem sie zu hoffen wagten, er würde ihnen ein Leben lang erhalten bleiben.[153]

Hier, so scheint es, sind die Dinge und Gefühle selbst so etwas wie Phantasien einer vergangenen Zeit. »Heimat«,

---

[153] Christian Baron: *Ein Mann seiner Klasse*, Berlin: claassen 2021, S. 243.

»die beste aller Wohlstandswelten« und eben jener 1. FC Kaiserslautern, der den »Reichen [...] das Fürchten lehrte«: so lauten Bestandteile dessen, wofür dieser Ort insgesamt einsteht: eine Gegenwart, die selbst noch dem Blick desjenigen, der sich aufrichtig um sie bemüht, als eigentümlich vergangene entgleitet. Denn im Grunde *ist* diese Stadt heute, was sie einst *war*: Bundesrepublik, West – und bis 1996 durchgehend Bundesligafußball.

Als Betonklotz aufgetürmt liegt über ›Kaiserslautern‹ ein Schauplatz von zumeist vergangenen Kämpfen. Hier nämlich ragt über der Stadt auf einer Erhebung mit dem Namen Betzenberg ein Stadion, das sich in dem Zeitalter, in welchem die Spielstätten des professionellen Fußballs dem Stand der Geschichte entsprechend nach Versicherungen, Energiebetrieben oder Wettanbietern benannt werden, getreulich an jenen Namen klammert, den ihm das Gedächtnis an einen Weltmeister von 1954 verleiht, der nirgends anders spielte als eben hier: das Fritz-Walter-Stadion. Als die Fußballweltmeisterschaft 2006 in Deutschland ausgetragen wurde, hatte man zuvor euphorisch die Entscheidung getroffen, dieses Stadion zu einem jener glamourösen Tempel umzubauen, die für den Ort und den Verein, der hier seine Heimstätte hat, im Grunde viel zu groß, viel zu breit, und vor allem viel zu teuer war. Denn etwa fünfzig Höhenmeter über der Stadt stand einst ein Fußballstadion, das seiner Gestalt nach so einzigartig eng und, ob der eigentümlichen Überdachung, so einzigartig laut war, dass hier in aller

Regelmäßigkeit die Gastmannschaften wie auch deren Funktionäre die Nerven verloren und sich im tumultuösen Gebrüll von Angestellten, Bauern, Arbeitslosen und Rentnerinnen jene roten Karten einhandelten, die dann den Anfang ihrer Niederlagen bedeuteten. Hier waren die Beleidigungen und Pfeifkonzerte so laut, dass das Gerede vom *fair play* schnell als das erkennbar wurde, was es eigentlich ist: nämlich Ideologie bloß derer, die sich anständige Verlierer wünschen. Und so hatte niemand nach Bayern München für lange Jahre eine bessere Heimbilanz in der Bundesliga als eben dieses Kaiserslautern. Nirgends auch verloren diese Bayern so oft und vor allem so unnachahmlich lustvoll wie hier.[154] Nirgends beendete Real Madrid im Europapokal je ein Spiel mit weniger Spielern (nämlich acht) als an diesem Ort[155], wo im Grunde eine dörfliche Welt auf überdachten Tribünen seit jeher die Klassenfrage stellte – und sie nicht selten, wäre sie denn tatsächlich auch eine gesellschaftliche, für einen Nachmittag oder Abend für sich entschied.

Als in der Geschichte der Stadionarchitektur Ende der 1990er Jahre jene buchstäblich normalistische Welle einsetzte, im Zuge deren es in ganz Deutschland zur flächendeckenden Umgestaltung der Spielstätten in reine und vor allem immer gleiche Fußballstadien kam, büßte

---

[154] Höhepunkt dieser Serie war gewiss ein 7:4 nach 1:4-Zwischenstand am 20. Oktober 1973.

[155] Real Madrid verlor das Spiel am 17. März 1982 mit 0:5.

auch das Fritz-Walter-Stadion seine Einzigartigkeit ein. Auf immer verloren wurde durch die Renovierungen auch jener Charakter einzigartiger Enge und Intimität, die den Verein, der hier spielte und punktete, im Stand der Unwahrscheinlichkeit überleben und in den 1990er Jahren sogar zwei deutsche Meisterschaften gewinnen ließ. So spielt der 1. FC Kaiserslautern heute, nach einigen Jahren der Drittklassigkeit und Insolvenz, zwar immerhin wieder in der zweiten Bundesliga, doch kaum kann ein Zweifel daran bestehen, dass der Verein in einer fußballerischen Weltordnung, in der die Ligen in großem Maße entweder zu Spielflächen globaler Unternehmen oder aber schlichtweg zu Anlageobjekten für kriminelles Geld geworden sind, zu jenen strukturell abgehängten Vereinen zählt, wie sie ansonsten vor allem im Osten Deutschlands und Europas museal verwittern.

Alles an diesem 1. FC Kaiserslautern lässt sich verdichten in der Rede vom »Traditionsverein«. Dabei scheint es, als ließen sich die Eigenschaften, die zu einem solchen Traditionsverein gehören – Geschichte und Erinnerung, gewachsene Fankultur, ›Vererbung‹ von Pflichten und Privilegien in Vereinsstrukturen und Umfeld – auf jene Formel bringen, die sämtliche Wunschbilder der Musealität, Träume sentimentaler Melancholie und die Realität des Abstiegs in sich vereinen: Der Verein nämlich ist die Essenz dessen, was aus der Zeit gefallen ist. Das hat nicht nur damit zu tun, dass der Klub auch Helmut Kohl zu seinen Anhängern zählte, der bis zu seinem

Tode als Ehrenmitglied gelistet war. Parsprototisch steht vielmehr für all jenes Vergangene im Fall des 1. FC Kaiserslautern vor allem ein Name ein: Fritz Walter. Dieser Name ist das Signum jenes mythischen Urvaters in jener »Sportfamilie«[156], die im 21. Jahrhundert wohl ebenso beschädigt wirkt wie die gesellschaftliche Institution der bürgerlichen Familie selbst, von der bereits Adorno wusste, dass sie bloß eine »muffige[] Interessengemeinschaft« bildet.[157] Geboren 1920, verliert Fritz Walter seine besten fußballerischen Jahre im Krieg, kehrt aus der Gefangenschaft zurück, führt seinen Heimatverein zusammen mit seinem Bruder Ottmar in den Nachkriegsjahren an die Spitze des (west-)deutschen Fußballs, steht fünfmal im Finale zur Deutschen Meisterschaft, gewinnt diese zweimal und wird schließlich, im Jahr 1954, Kopf und Spielführer jener Nationalmannschaft, in der er zusammen mit vier anderen Spielern aus Kaiserslautern die Weltmeisterschaft gewinnt und also für jenes Ereignis

---

[156] Markwart Herzog: »Lautern ist eine große Sportfamilie!« Fußballkultur als Faktor städtischer und regionaler Identität, in: *Der lange Weg zur Bundesliga. Zum Siegeszug des Fußballs in Deutschland*, hg. von Wolfram Pyta, Münster: LIT Verlag 2004, S. 183-214.

[157] Theodor W. Adorno: *Minima Moralia. Reflexionen aus dem beschädigten Leben*, in: ders.: *Gesammelte Schriften*, hg. von Rolf Tiedemann, Frankfurt a.M.: Suhrkamp 1970, Bd. 4, S. 42.

sorgt, von der ein Erzkonservativer einst glaubte, dass es sich um »eine Art Befreiung der Deutschen« handele.[158]

Jedes Spiel, das heute – ganz gleich in welchem Wettbewerb – in Kaiserslautern stattfindet, zelebriert immer auch eine Art von Gedenken an diesen Fritz Walter. Die Figur, emporgehalten auf Transparenten und in Choreografien der, angesichts der objektiven Qualität des Gebotenen, viel zu vielen Zuschauer, ist nicht zu tilgen aus der Vorstellung davon, was ›Kaiserslautern‹ vielleicht nicht *ist*, aber doch in jedem Fall *bedeutet*. Fritz Walter ist ein Museum gewidmet und er begleitet als Denkmal und Namen das Stadion und den Verein. Dabei gilt von ihm doch vor allem eines: dass von ihm nicht im Zusammenhang mit der Zukunft gesprochen wird.[159] Wie ein müdes Monument, das aus der unübersichtlichen Gegenwart stets

---

[158] Landläufige Bekanntheit hat Joachim Fests Ausspruch über das ›Wunder von Bern‹ und jene »drei Gründungsväter der Bundesrepublik« erhalten: »politisch ist es Adenauer, wirtschaftlich Erhard und mental Fritz Walter.« (zitiert nach: Johannes Ehrmann: Friedrich der Große, in: *11 Freunde Spezial. Das waren die Fünfziger. Ein Jahrzehnt Fußballkultur*, 1. Oktober 2010, S. 51)

[159] Dies gilt heute nach fußballhistorischen Maßstäben auch für Kaiserslautern selbst, wenn etwa Gunter Gebauer – mit dem Akut auf »früher« – vom »*Modell* einer kollektiven Emotion« fabuliert: »Es gibt legendäre Orte, wo solche Modelle entstanden sind – ›The Kop‹, also die Fantribüne der Anfield Road in Liverpool, das Vélodrome in Marseille, Dortmunds Südkurve oder die Alte Försterei in Berlin-Köpenick, der Fanblock vom Millerntor auf

wieder neu in die Unergründlichkeit vorgeschichtlicher Zeiten zurücksinkt, steht er nicht bloß symbolisch für eine (immer irgendwie bessere) Vergangenheit ein, sondern *ist* diese Vergangenheit geradezu selbst. Zur Illusion dieser Vergangenheit und der Erzählung vom »Fußball der fünfziger Jahre« gehört auch die moralische Träumerei, dass sie den Raum liefert für die Lokaltheologie einer »bisweilen an Selbstleugnung grenzenden Demut«[160]. Schließlich ist das Bild von Fritz Walter von einer diffusen Aura umgeben, in der viel »Freundschaft« und »Gemeinschaft«, selten aber »Gesellschaft« aufschimmert, und die somit die Komplexität einer unverstandenen Welt durch die Simplizität einer Heilsgeschichte überdeckt, die schon dadurch Verdacht erwecken sollte, dass in ihr die verführerische Kraft der Erzählung ihr Werk verrichtet.

An dieser Verklärung Fritz Walters nähren sich heute auch die Sehnsüchte gerade jener, die einem um sich greifenden »gesellschaftliche[n] Regime des ästhetisch Neuen«[161] alles in allem hilflos gegenüberstehen. Sie sind dabei vielfach Teil einer gesellschaftlichen Klasse, die sich bisweilen als antiquiert und in vielem als abge-

---

St. Pauli und früher der Betzenberg in Kaiserslautern.« (Gunter Gebauer: *Das Leben in 90 Minuten*, a.a.O., S. 206)

[160] Johannes Ehrmann: Friedrich der Große, a.a.O., S. 50.

[161] Andreas Reckwitz: *Die Erfindung der Kreativität. Zum Prozess gesellschaftlicher Ästhetisierung*, Berlin: Suhrkamp 2012, S. 20.

hängt erfährt. Hier liefert Fritz Walter in der Welt des Fußballs wie kein zweiter die unbeschriebene Folie für die Wunschbilder jener, die in der ideologischen Gemengelage einer spätkapitalistischen Ordnung ihre Orientierung zu verlieren drohen, weil sie von Phantasien des Neuen – gleich ob als »Durchsetzung neuer Kombinationen«, wie sie Schumpeter einst als Agent einer »wirtschaftlichen Entwicklung« benannte[162], oder schlichtweg als *New Economy*, die schon heute, im Zeitalter Elon Musks, eigentümlich veraltet erscheint – überfordert werden. Denn es gibt immerhin niemanden, der über Fritz Walter irgendetwas Schlechtes zu sagen wagte noch vielleicht überhaupt zu sagen wüsste. Schon in der Nennung dieses Namens liegt, schließlich ist er ein »Pfälzer Heiligtum«[163], immer auch eine Spur von Anbetung, in der ein im Grunde infantiler Wunsch nach Kindbleiben zur Artikulation gelangt und die sich mit einer instinktiven Abwehr des Neuen – und damit der Möglichkeit geschichtlicher Veränderung – paart.

Zum mythischen Kernbestand der fußballromantischen Legende gehört auch, dass Fritz Walter Angebote von Atlético Madrid und Inter Mailand, die sich

---

[162] Joseph Schumpeter: *Theorie der wirtschaftlichen Entwicklung. Nachdruck der 1. Auflage von 1912*, hg. von Jochen Röpke und Olaf Stiller, Berlin: Duncker & Humblot 2006, S. 177.

[163] Johannes Ehrmann: Friedrich der Große, a.a.O., S. 51.

mit übersteigertem Gehalt und Extraprämien um seine Dienste bemühten, ausgeschlagen hat. Dies erscheint der Gemeinde der Anbetenden zumal heute, da Fußballprofis Bilder ihrer Konsumexzesse öffentlich in den sozialen Medien teilen, wie der ungeheure Einspruch einer unverfügbaren Vergangenheit, in der (unbedingt) ›noch‹ der »Geist der Bescheidenheit«[164] und des maßvollen Zusammenhalts atmete. Damit geht im Falle Fritz Walters auch die Vorstellung einer ›irgendwie echten‹ Heimatverbundenheit einher, die jedoch im Nachkriegsdeutschland nur umso widersprüchlicher erscheint, als doch ihre Akteure – Fritz Walter war Wehrmachtssoldat – nur ein Jahrzehnt zuvor noch in der einen oder anderen Weise daran mitwirkten, dass ganz Europa zu einem Schauplatz dafür wurde, was Hannah Arendt bei ihrem *Besuch in Deutschland* auf den Punkt brachte: »Heimatverlust, soziale Entwurzelung und politische Rechtlosigkeit«[165]. Die kompensatorischen Phantasien der Heimatverbundenheit aber, die sich an Fritz Walter heute heften, lehnen sich auch gegen eine der Idee nach verfallenen Gegenwart auf, in der etwa die Rede vom ›Stallgeruch‹ als naive Plattitüde zirkuliert, weil mit ihr Sportreporter dem grandios leeren Transfermarkttheater im Profifußball so etwas wie

---

[164] Ebd., S. 52.

[165] Hannah Arendt: *Besuch in Deutschland*, übers. von Eike Geisel, Berlin: Rotbuch Verlag 1993, S. 23.

Sinn abzuringen versuchen, wenn sie einen Rückkehrer feiern, der zu seinem Heimatverein wechselt.

»Dehäm is dehäm«, soll Fritz Walter mit Pfälzer Dialekt angeblich gesagt haben. Dabei verfängt diese Idee der Heimat wohl gerade darum, weil sich nicht mehr so recht rekonstruieren lässt, welche Heimat eigentlich gemeint ist. Gerade in der Unmöglichkeit aber, eine Rekonstruktion dessen zu liefern, was ›Fritz Walter‹ bedeutet und wer er eigentlich war, liegt auch die Grundlage jenes Mythos, für den der Name bloß metonymisch einsteht. Schließlich gibt es nahezu keine Fernsehbilder von Fritz Walter, die ihn spielend als jenen überlegenen Strategen zeigen, als der er bis heute noch gilt. Sogar im Filmmaterial zu den Toren aus dem Weltmeisterschaftsendspiel, das die Deutschen am 4. Juli 1954 mit 3:2 gegen Ungarn gewannen, ist Fritz Walter kaum zu sehen. So wird er nur beim Eckball vor dem Ausgleichstreffer von Helmut Rahn als Vorbereiter von der Kamera erfasst. Es wirkt beinahe so, als sei er so etwas wie das Gespenst eines Spiels, an dessen Ende er als Kapitän bloß den Pokal in den Händen hält. Noch lange also bevor das Fußballstadion in »ein riesiges Fernsehstudio«[166] verwandelt wurde, blieb Fritz Walter vielleicht der letzte jener Unsichtbaren, der, weil kein einziges seiner beinahe 400 Tore ins kollektive Bildgedächtnis vordringen konnte, nicht zum weiten

---

166 Eduardo Galeano: *Der Ball ist rund*, a.a.O., S. 221.

Feld jener positiven Offenbarungstheologien gehört, die sich um Figuren wie Pelé, Maradona oder vielleicht auch Lionel Messi ranken. Gerade in dieser Bilderkargheit ruft also der Name ›Fritz Walter‹ die Menschen heute wie aus einer vorgeschichtlichen Urzeit an. Dies macht es umso leichter, in ihm einen jener Ahnen zu erblicken, von denen zwar so recht niemand weiß, wie sie tatsächlich gelebt haben, die aber doch bestanden haben müssen, um jenen Gemeinschaften einen sinnvollen ›Urgrund‹ zu geben, der ihnen Legitimität und vor allem die Idee von einem (zumal moralisch) irgendwie Richtigen und Guten verleiht.

Zugleich aber kann kein Zweifel daran bestehen, dass in Fritz Walter auch die vage Vorstellung von einer alten und irgendwie ›echteren‹ Bundesrepublik fortlebt. Diese wirkt heute, nachdem die Welt für viele in einer noch viel neueren und noch viel größeren »Unübersichtlichkeit« zu versinken droht, als sie sich Habermas einst hätte ausdenken können, nicht weniger archaisch als die Idee, dass ein Weltmeister ein Leben lang für ein Taschengeld in Kaiserslautern spielt.[167] Diese Bundesrepublik ist natürlich auch die eines Wirtschaftswunders, wie es – im Hintergrund Herbert Zimmermanns legendärer Radiokommentar vom Finale in Bern – Rainer Werner Fassbinder in der Schlussszene seiner *Ehe der Maria Braun* mit

---

[167] Vgl. Jürgen Habermas: *Die neue Unübersichtlichkeit*, Frankfurt a.M.: Suhrkamp 1985.

vollem Schmerzregister erfasste, als er die ungeheuer deutschen Maria und Hermann in einer Explosion sterben ließ. Doch die Vorstellung von ihr stimuliert bis heute auch die Erzählungen von einem nie zuvor erlebten Frieden, von einer nie wieder erreichten relativen Gleichheit und eben von einer durchaus heiklen sozialen Fürsorge, die im Kern vor allem um die Fiktion von Gemeinschaftlichkeit und Homogenität kreist. Diese Bundesrepublik, die wie auch viele andere Phantasien vom Paradies vor allem eine Erzählung ist, liefert – und zwar an den Namen Fritz Walters geheftet – den prekären Traum von einer irgendwie besseren und sinnvolleren Welt als die, welche heute im wenig verheißungsvollen Lichte eines *neoliberal turn* erstrahlt, als dessen Resultat eine Welt in Krisen steht und die, mit Shakespeare gesprochen, vor allem eines ist: »out of joint«.

Der Traum von Fritz Walter aber ist keiner von der Art, wie ihn Ernst Bloch einst meinte, als er von einem »Traum nach vorwärts« sprach und darin einen »Wunschtraum vom vollkommenen Leben« begriff, der seine »Anfälligkeit zum Betrogenwerden wie seine Traumlosigkeit selber« überwinde.[168] Vielmehr ist er ein rückwärtsgewandtes Phantasieren und steht im Zeichen eines diffusen Wunsches nach einer Wiederholung, die

---

[168] Ernst Bloch: *Das Prinzip Hoffnung*, Frankfurt a.M.: Suhrkamp 1959, S. 1616.

doch immer bloß ein unmögliches Glück verfolgt, das der Wunsch nach ihr zuvor bloß verspricht. Traurige Ironie an dieser Konstellation ist wohl gerade, dass den Spielern, die heute für Kaiserslautern spielen, die groteske Falschheit des Fußballbetriebs, in den sie selbst hilflos verstrickt sind, desto mehr zur Last wird, je mehr der Name ›Fritz Walter‹ als rückwärtsgewandtes Träumen sie umgibt. Denn als Mythos, der diesen Namen umringt, schlägt ihnen das Richtige selbst immer wieder entgegen, das sie zumal in den Abwärtsspiralen und sportlichen Krisen in einem eigentümlichen Stand von moralischer Verfehlung und Bruch gegenüber einem Versprechen bannt, das sie dem Urvater leisteten, als sie bei ihrem Wechsel nach Kaiserslautern von »Ehre« und »Traditionsverein« faselten. Dieser Widerspruch, so zeigen zumal die letzten zwei Jahrzehnte in der Geschichte des 1. FC Kaiserslautern, versetzt eine Mannschaft nicht selten in den Zustand sportlicher Lähmung, denn in solchen Augenblicken gilt für die Spieler unbedingt, was Marx im *Achtzehnten Brumaire* meinte, als er schrieb: »Die Menschen machen ihre eigene Geschichte, aber sie machen sie nicht aus freien Stücken, nicht unter selbstgewählten, sondern unter unmittelbar vorgefundenen, gegebenen und überlieferten Umständen. Die Tradition aller toten Geschlechter lastet wie ein Alp auf dem Gehirne der

Lebenden.«[169] Was dem fußballromantischen Gestus also wie das Korrektiv einer ›falschen‹ Gegenwart gilt, ist den Akteuren dieser Gegenwart bloß noch ein »Alp«. Sind die Spieler auch gewiss besser bezahlt als ihre Vorgänger, so gehört zu ihrer Existenz in Kaiserslautern heute, dass sie im Grunde nur scheitern können im Angesicht jenes Monuments, das nachzuahmen immer Verfehlung bedeutet. Schließlich liegt die Gegenwart von dem vorgeschichtlichen Urzustand so weit entfernt wie einst schon Louis Bonaparte von seinem Onkel, jenem ersten Napoleon, den er zwar mit Marx zu »parodieren«[170] vorgab, derweil er doch eigentlich nur eines war: »Farce«[171].

Im Unglück dieses Zustands stecken die Spieler, Fußballromantiker und natürlich jene Unzahl von untröstlich an die Idee einer Vergangenheit sich verschwendenden Anhänger des 1. FC Kaiserslautern in der vielleicht schlechtesten Form neurotischer Übertragung fest, die Erlösung verspricht, nur um sie zugleich umso kraftvoller zu verwehren. Denn es herrscht in Kaiserslautern eine Form von *»realer Ungleichzeitigkeit«*, sofern »sich hier doch nicht nur Bauern und kleine Leute, auch höhere Herren frisch, nämlich alt erhalten«[172] haben. Schließlich pflegt man die Erinnerung an

---

[169] Karl Marx: *Der achtzehnte Brumaire des Louis Bonaparte*, in: *Marx-Engels-Werke*, Bd. 8, a.a.O., S. 115.
[170] Ebd.
[171] Ebd.
[172] Ernst Bloch: *Erbschaft dieser Zeit*, in: ders.: *Werkausgabe*,

das Alte, das man erhält, aber von dem doch niemand in der Lage ist, es als das zu erkennen, was es im Grunde ist: Fiktion, vielleicht sogar Lüge.

Adorno hat einmal von Becketts Dramatik behauptet, dass in ihr alle »dramatischen Kategorien [...] parodiert« seien und sich in diesen Parodien die »Verwendung von Formen im Zeitalter ihrer Unmöglichkeit«[173] realisiere. In Kaiserslautern kann nicht einmal mehr von dieser Parodie die Rede sein. Schließlich erscheinen bei Beckett »die dramatischen Konstituenten [...] nach ihrem Tod«[174], wohingegen die Vorlage des Urzustandes, wie sie Fritz Walter für Kaiserslautern liefert, nie wirklich lebendig schien. Denn alles an ihr ist Wunsch und Traumbild, ist – um in der Formsprache zu bleiben – nie wirklich geliefertes Drama. Mit der Möglichkeit, Parodie zu sein, büßt aber jedes noch so lumpige Drama, wie es in Kaiserslautern heute bei jedem Spiel rituell wiederholt wird, auch jede emanzipative Kraft ein, die der Parodie, zu der ja gehört, dass sie in ihrem Formbewusstsein das Wissen um die Überkommenheit des Parodierten ausdrückt, wesentlich ist. In jedem Spiel, in dem der ›Traditionsverein‹ also im 21. Jahrhundert den vergeblichen Kampf gegen das falsche Neue aufnimmt, entfernen sich

Frankfurt a.M.: Suhrkamp 1985, Bd. 4, S. 113.

173 Theodor W. Adorno: Versuch, das Endspiel zu verstehen, in: ders.: *Gesammelte Schriften*, Bd. 11, a.a.O., S. 302.

174 Ebd.

die Akteure, Spieler und Zuschauer zugleich von der Möglichkeit eines ›richtigen Neuen‹. Sie stecken buchstäblich auf der Ebene jenes Wiederholungszwanges fest, in dem sie »das Verdrängte als gegenwärtiges Erlebnis wiederholen, anstatt es, wie der Arzt es lieber sähe, als ein Stück der Vergangenheit zu erinnern«[175]. Denn sie verfehlen die Erkenntnis, dass die geschichtliche Gegenwart schon längst eine grundlegend andere geworden ist als jene es war, die sie zwar zu erinnern glauben, die aber doch eigentlich nie stattgefunden hat. Der Mythos ›Fritz Walter‹ bannt sie darin, hält sie gefangen und nimmt ihnen somit den Ausblick auf die Möglichkeit einer besseren Zukunft, in der »Bescheidenheit«, »Freundschaft« und »Kameradschaft« nicht bloß als Fiktion einer gut gemeinten Erzählung erscheinen, sondern die Elemente einer konkreten gesellschaftlichen Wirklichkeit bilden.

Gewiss: Die Fußballfeste, die heute die traurigen Traditionalisten in Kaiserslautern feiern, arbeiten auf der Ebene diffuser Impulse gegen das Falsche und Ungerechte einer gesellschaftlichen Gegenwart an. Aber sie drängen darin eben nicht auf konkrete gesellschaftliche Veränderung. Vielmehr berauschen sie sich an einer sentimentalen Romantik, wonach alle in den Dienst einer diffusen Rebellion treten, in der an dem mythischen Schauplatz

---

[175] Sigmund Freud: *Jenseits des Lustprinzips*, in: ders.: *Studienausgabe*, Bd. 3, a.a.O., S. 228.

›Fritz-Walter-Stadion‹ die ›Großen‹ durch aufopferungsvollen Kampf den Freibeutern in die Hände fallen. Doch zum einen – die letzte Meisterschaft liegt noch im letzten Jahrtausend – ist dieser Kampf selbst schon Vergangenheit, insofern die ganz ›Großen‹ in der zweiten oder dritten Bundesliga allenfalls bei Freundschaftsspielen zu Gast sind. Zum anderen aber – und das ist das entschieden Traurige an dieser Konstellation – läge diesem Sentiment sowieso zu Grunde, dass alle Beteiligten anerkennen, dass die konkrete Ungleichheit zwischen ›Kleinen‹ und ›Großen‹, die ja bekanntlich dem Spektakel das dramatische Gerüst liefert, eine historische Konstante bildet und darin sich das Recht herausnimmt, auf ›ewig‹ zu gelten. Symptomatisch lehnt sich zwar ein jedes Pfeifkonzert und eine jede noch so rüde Beleidigung, wie sie Uli Hoeneß über Jahrzehnte am Betzenberg entgegenschlug, gegen diese Ungleichheit auf, aber eben nur unter der Bedingung, dass es diese Ungleichheit geben muss, die zwischen den unanständigen Großen und den anständigen Kleinen eine gleichsam natürliche Grenze einschlägt.

So ist also am Ende wenig erreicht. Die Gewinner von einst sind heute die großen Verlierer. An der Idee ›Fritz Walter‹ richten sich zwar alle auf, aber erkennen darin doch an, dass sie überhaupt erst in die Not haben geraten müssen, um am Mythos Besänftigung zu finden. Christian Baron hat darum auch in seinem Bericht aus dem Leben in konkreter Ungleichheit gar nicht erst versucht, im Fußball in Kaiserslautern die Möglichkeit einer

Veränderung zu erkennen. Vielmehr bringt dieser Fußball im Alltagsleben wiederum nur einen anderen Schauplatz hervor, an dem sich der eigentliche Skandal, dass nämlich Gesellschaften den ›Ausnahmezustand‹ des Abgehängtseins als Bestandteil ihres ›Normalzustands‹ akzeptiert haben, bloß ›anders‹ in Szene setzt. So erinnert sich Baron an ein trauriges Fußballtraining als Jugendspieler:

> Beim ersten Training lief ich mit meinem selbst gebastelten Trikot auf. Ich hatte ein rotes Hemd vorn mit dem Sponsor ›Oki‹ beschriftet und das Logo des 1. FC Kaiserslautern draufgemalt. Auf die Rückseite hatte ich mit meinem schwarzen Edding die Nummer acht und den Nachnamen meines Lieblingsspielers Martin Wagner geschrieben. Nun erwartete ich die grenzenlose Bewunderung meiner Mitspieler.

Doch es kam anders:

> Der erste lachte nur. Beim Warmlaufen flüsterten sie einander irgendwas zu, dann kamen immer mehr lachend an mir vorbei, schubsten mich, und vor dem Start des Trainingsspiels fragte mich einer, der im nagelneuen FCK-Jersey über das Feld stolzierte: ›Was bistn du für einer? Kannste dir etwa kein Trikot leisten?‹[176]

Kaiserslautern – das heißt also auch: Einer verliert immer.

---

[176] Christian Baron: *Ein Mann seiner Klasse*, a.a.O., S. 219 f.